Mauvaise langue

Du même auteur

ROMANS

Les Souffleurs
Actes Sud, 2004

La Chapelle Ajax
Actes Sud, 2005

Louis et la jeune fille
Actes Sud, 2006

Vies d'Emily Pearl (à paraître)
Actes Sud, janvier 2008

ESSAI

Éloge de la transmission,
entretiens avec George Steiner
Albin Michel, 2003. Hachette Littératures, 2007

Cécile Ladjali

Mauvaise langue

ÉDITIONS DU SEUIL
27, rue Jacob, Paris VIe

COLLECTION
« NON CONFORME »

ISBN 978-2-02-095335-1

www.seuil.com

À mes élèves
À mes étudiants

« Le Chinois, chantant :

Celui qui m'entendrait chanter
Penserait que je suis joyeux !
Je suis comme le petit oiseau
Qui chante lorsqu'il se meurt. »

Paul Claudel,
Le Soulier de satin, I, 14

Prologue

« Tous les moyens de l'esprit sont enfermés dans le langage ; et qui n'a point réfléchi sur le langage n'a point réfléchi du tout. » À suivre cette pensée du philosophe Alain, le maître des élèves et de leurs professeurs, l'homme se trouve fort démuni s'il n'a pas les mots. Car sans les mots il est impossible d'envisager un rapport serein au monde, aux autres et à soi-même. Sans les mots, l'existence est inhumaine. Le malaise de la jeunesse est qu'elle semble être de moins en moins en possession d'une syntaxe, d'un vocabulaire riche et varié. Aussi n'est-elle plus dans la disposition de dire qui elle est ni ce qu'elle désire. Cette absence de parole signifiante, cette incapacité à formuler, est dramatique. Car, la jeunesse étant ce que notre monde sera demain, il est inquiétant de penser que ce dernier risque de se construire sur du vide ou, pire encore, sur des paroles non prononcées.

L'école permet aux consciences en formation de s'épanouir grâce à une rencontre salvatrice avec le langage. Mais elle doit se battre contre une modernité qui, par certaines des valeurs qu'elle véhicule, tourne le dos au langage dans ce qu'il suppose comme rapport au classicisme, à l'exigence, à la lenteur, et au silence. Nous vivons dans un monde de rendement, de vitesse et de bruit. La *gratuité* n'a plus cours, et avec elle la *grâce* évidente qui incombe au beau langage, lequel se trouve au fondement de tout humanisme.

Les grandes œuvres, qu'elles soient de mots, d'images ou de musique, expriment ce qu'il y a de plus profondément humain en chacun de nous. La rencontre exigeante et souvent difficile avec ces œuvres demeure primordiale pour les enfants, qui doivent croiser à l'école des références ne faisant pas leur quotidien. Car c'est dans ce corps à corps avec ce qui est *autre* et ce qui nous dépasse parfois que l'on prend pleinement conscience de qui l'on est. Et le drame d'une certaine jeunesse est qu'elle ne peut pas ou ne sait pas dire *qui elle est*.

Le barbarisme préfigure la barbarie. Une syntaxe que l'on malmène, un mot que l'on écorche est une violence que l'on impose à soi et aux autres. L'approximation et la familiarité sont les manifestations premières d'un glissement progressif vers l'anomie, l'absence de code, c'est-à-dire la négation même de la civilisation, fondée sur les règles de la vie en société. Si, comme l'a écrit Aristote, « l'homme est un animal doué de langage[1] », force

1. « *Zoôn logôn echôn* », Aristote, *La Politique,* I.3. « L'homme est un animal doué de *raison,* car possédant le *logos,* c'est-à-dire le *langage.* »

est d'admettre en tremblant ce qui restera de l'individu lorsque ce dernier se trouvera totalement dépourvu de mots... Or, le drame est que les mots ne manquent pas qu'aux enfants. Trop souvent les adultes leur tournent le dos, persuadés que l'essentiel se joue ailleurs, à travers d'autres évidences, et ils tirent parfois une réelle fierté de cette infirmité. Mal parler, cela *fait bien*. Il s'agit là d'un leurre qui, s'il ne concernait que les adultes, se contenterait d'être un phénomène atterrant, mais cette nouvelle banalisation du mal construit le quotidien des plus jeunes naturellement à l'écoute de leurs aînés. Plus que jamais, il nous faut être responsables en tant que dirigeants politiques, artistes, professeurs, parents. Or, il me semble que notre monde n'a jamais autant infantilisé les adultes, en pariant sur les logiques du pire qui sont celles du nivellement par le bas et du relativisme culturel.

Mais je n'ai pas d'attirance pour l'esprit chagrin. Et je sais qu'il existe des solutions simples. L'école, à travers l'engagement d'enseignants et d'artistes passionnés, réaffirme au quotidien l'importance du travail, de l'exigence et des risques que ces réalités comportent. Car, qu'on se le dise bien : tout ce qui est beau est très difficile. Et les enfants ont droit à cette beauté. Aussi, le passage par la création permet-il de provoquer un choc dans la conscience de l'élève qui mesurera, à travers l'expérience de la publication ou le passage sur une scène de théâtre, que tout acte linguistique est un acte éminemment responsable et adulte, engageant l'intégralité de son être.

Une formation n'est peut-être rien d'autre qu'une déformation, un moment précieux dans l'existence où il faut travailler *contre*. En tant qu'écrivain et professeur, je n'ai jamais cherché à justifier mes passions et j'adresse à mon élève le message que je m'assigne toutes les fois que je prends la plume : *Tu es tes propres mots, parce que tu es parlé par ton langage et c'est lui qui te révèle. Sois à la hauteur !*

1

Qui a peur des mots ?

« Words ! Words ! Words ! »
Hamlet

Écrire et enseigner

C'est au printemps, après un séminaire suivi en Sorbonne, que les choses me sont apparues très clairement. J'enseignerais moi aussi, pour avoir le bonheur de parler du matin au soir et du soir au matin à des élèves de ce que j'aime le plus au monde : la littérature.

Les mots sont depuis devenus mon métier. Plus encore : ma vie. À l'instar des lycéens, je dois admettre que je me construis grâce au langage. J'avance à tâtons, j'investis les recoins de la conscience, je tente de comprendre le monde et ses principes à travers les intrigues et les personnages de mes propres romans, ainsi qu'au contact des classes. Ce petit livre est dédié à mes élèves, car je leur dois la réflexion que voici et je réponds à quatre de leurs lettres dans ses dernières pages.

Les élèves m'obligent à une relation très incarnée aux mots et aux images. J'ai, pour cette raison, le souci de les faire entrer en littérature de la façon la plus vitale qui soit. Si je respecte profondément les textes, ces derniers ne m'intimident pas. La grande littérature sait être accueillante. Elle invite. Et c'est ainsi que je présente aux élèves les livres qui retiendront notre attention. Car ces œuvres ont été écrites pour eux, ce dont ils sont très loin d'être convaincus.

Manipulant les mots à longueur de temps, trouvant en eux une sorte de rémission à la morosité des jours, j'aborde les textes d'auteurs en présence des élèves avec les réflexes de lecture et d'analyse d'un écrivain. Si j'étais musicienne, je tenterais de leur faire entendre la musique des textes par le truchement d'un piano, si je savais dessiner, par celui d'un croquis. Enseigner revient sans doute à offrir ce que l'on possède de plus précieux. Alors je leur donne mes mots, en passant par ceux des autres. Il devient probable alors que les remarques théoriques formulées en cours au sujet d'un dialogue, d'un paragraphe de description concernant la psychologie d'un personnage, trouveront un écho dans les trois pages de roman écrites tôt le matin même. Mais cela, je ne le leur dirai pas. Les élèves savent deviner. Et l'intuition est sans doute ce qu'il y a de plus pédagogique dans mon métier. Je ne peux pas m'empêcher de leur transmettre ce que je pense être le plus beau et le plus digne d'eux. Et ce *je ne sais quoi* est aussi ce qui, dans un curieux mouvement duel, me construit et me bouleverse au moment où je le leur livre.

Enfin, je me souviens que l'exigence de la beauté et de l'intelligence que recèlent les classiques est surtout ce à quoi j'ai eu le droit élève, puis étudiante. Pour cette raison, je reste un professeur élitiste. En tant qu'écrivain, je ne pense pas proposer au public des romans ou des pièces de théâtre faciles. Constructions, intrigues et psychologies sont complexes, parfois trop m'a-t-on reproché, parce que quand j'écris je songe à mon lecteur et à ce précieux jeu du cœur et de l'esprit qui deviendra le sien lorsqu'il sera question d'interpréter une image, de céder au vertige d'une aporie linguistique ou tropique. Je fais confiance à l'intelligence de mes lecteurs comme je m'en remets à celle de mes élèves. Je les respecte les uns et les autres à ce titre.

Par ailleurs, je pense que la grande culture est profondément humaniste. Elle a toujours placé l'homme au centre de son propos, aussi est-elle la plus généreuse qui soit, car elle parle à la majorité. Elle s'adresse aux élèves, si souvent persuadés qu'elle n'est pas écrite pour eux. Or, ce que je veux leur signifier à chaque heure de cours est que tout ce qui est beau est très difficile. Et, si je ne suis pas de celles qui nieraient que la beauté doit toucher spontanément les sens, j'ajouterai à cette conviction que cette spontanéité-là, vécue en écoutant un opéra, en lisant un poème, en contemplant un tableau, cache derrière elle des années de pratique et de réflexion. On accède au vrai vertige – celui de l'intelligence – par le travail.

Or, on est en mesure d'éprouver ce plaisir parce qu'on possède un héritage, des valeurs, des repères. Il faut les codes linguistiques, la syntaxe nécessaire pour entrer dans le chef-d'œuvre. Chef-d'œuvre qui, avant de se livrer, convoque en l'homme ce qu'il y a de plus remarquable en lui et qui, en cela, reste une réalité indépassable.

Langue de bois

J'enseigne au lycée et à l'université. Les jeunes qui se trouvent face à moi ont déjà un bagage avec lequel il est possible de composer. Je n'ai pas rencontré à ce niveau de scolarisation l'illettrisme contre lequel se battent avec un courage exemplaire nombre de professeurs des écoles et collèges[1]. Mes élèves peuvent se hisser vers l'abstraction. Cette capacité à s'abstraire d'un sens littéral, terre à terre et souvent décourageant, puisqu'il semble appeler dans son étude les abus de l'analyse formelle, nous permet de déplacer l'horizon de la classe vers d'autres lieux. Je profite de ce formidable changement de disposition vis-à-vis des textes pour capter les lycéens. Ces derniers sont curieux de voir ce qui pourrait bien se passer en entrant en littérature par d'autres portes que par celles de l'analyse formelle et le relevé des champs lexicaux. En somme, en se délestant de tout ce qui pouvait encore cantonner le texte littéraire à une grille sémantique dans laquelle l'auteur aurait eu la fantaisie de déposer des mots n'entretenant qu'un rapport très vague les uns avec les autres. Convoquer cette faculté à aller vers l'interpré-

1. Voir *infra* où est relatée l'expérience d'une collègue de LEP confrontée à ce problème.

tation et le sens implicite des textes excite la curiosité des consciences. Une fois jetées dans ce bain, elles reviendront avec sans doute moins de répugnance à l'étude indispensable de la syntaxe et de la grammaire.

Or, s'il est certain que nous manipulons à quinze ans des données linguistiques plus abstraites qu'au collège, en raison de la maturité des élèves, les gageures elles aussi sont nouvelles : l'adolescent n'a plus la spontanéité qui était la sienne encore enfant. De nouveaux blocages se mettent alors en place. Parler bien, aimer lire, être un bon élève sont presque des tares aux yeux des autres. Cela revient à afficher un manque de virilité manifeste. Les lois du caïdat à cet égard sont terribles. Affirmer sa sexualité, se placer dans la microsociété adolescente du lycée, c'est souvent le faire par tous les moyens hormis par ceux qu'offrent les mots.

Lorsque j'ai rendu public l'acte de parler, d'écrire, de jouer la comédie, j'ai volontairement provoqué les élèves, afin d'inverser une logique spécieuse mais bien réelle. Ils ont publié des poèmes et du théâtre, ils sont montés sur scène[1]. Ils ont dû assumer devant les autres un langage soutenu et figuré qui n'était plus celui de tous les jours, ainsi que des choix esthétiques, placés aux antipodes de leur conviction de départ. Ils montraient ainsi un autre visage, faisaient entendre une autre voix.

Si les adolescents dans leur révolte de surface entendent faire preuve d'originalité, force est de constater qu'il

1. Voir *infra*.

n'y a pas plus conformistes que leur langage, leur tenue, leur revendication. Ils parlent et s'habillent tous au diapason, rangés sur le même *la* de la conscience du groupe. Le pari était donc de leur faire comprendre qu'ils seraient anticonformistes en respectant les normes et les règles. Se pliant à cette éthique à rebours, ils ont découvert *quelque chose* de nouveau. Ce *quelque chose* était la séduction que recouvraient le langage et la beauté. Le pouvoir d'enchantement déposé en eux. Ils ont constaté qu'ils étaient plus forts avec les mots que sans les mots.

Le travail d'écriture et de mise en scène a pris à chaque fois une année. Quelques élèves ont renoncé, mais la satisfaction ressentie au terme du travail fut réelle pour la grande majorité. Les camarades invités à les lire, à les écouter au théâtre, ont constaté qu'il s'était effectivement produit *quelque chose*. Ce déplacement des codes linguistiques, des images, des comportements, engageait leurs camarades sur la voie de l'originalité si recherchée et jamais trouvée. Sur scène, ou lors de la présentation de leur livre, mes élèves ont senti le charisme des mots.

Je n'ai de cesse de travailler dans cette perspective : faire prendre conscience aux élèves que le pouvoir, la force de conviction que l'on possède, la capacité que l'on détient à inspirer une idée, une volonté, sont proportionnels à la maîtrise du langage. Cela, les lycéens le comprennent très vite. La peur qu'ils ont des mots reste la traduction d'une démission. L'expression en creux de la fausse identité qu'ils vont tenter d'imposer aux autres et à eux-mêmes, tout en sachant qu'il s'agit d'un leurre.

Là réside le puissant malaise d'une certaine jeunesse. Cette dernière se cache derrière une condescendance forcée à l'égard du langage. Ceci est grave, car la pose, le non-langage, le vide, deviennent rapidement une ontologie. Le costume a le pouvoir de se métamorphoser en chair à une vitesse vertigineuse. Le corps et l'esprit, recouverts de cette peau de chagrin, de fondre pour devenir rapidement ceux d'un Lilliputien. Quand il en était encore temps, il fut question de jouer, d'écrire, de créer avec les mots, pour mettre à distance leur pouvoir magique et éloigner en même la terreur qu'ils inspiraient. Cette distance est paradoxalement devenue possible grâce à un corps à corps. Les élèves ont plongé dans les textes. Ils se sont battus avec eux. Et, de leurs créations toujours inspirées, a émergé leur propre voix. « Le style, c'est l'homme », écrit Buffon. Grâce à l'autre, grâce à l'étrange, ils ont pu dire qui ils étaient. Ce paradoxe est au centre de mon enseignement. Je pense que l'on n'est jamais aussi conscient de qui l'on est que lorsqu'on a rencontré l'altérité. En outre, imposer un discours et surtout des démarches dignes, exigeantes, à des élèves qui pensaient pouvoir construire leur personnalité sur le vide, l'absence de repères fournis par une culture commune séculaire, est un devoir.

Pourquoi refuser aux enfants un tel regard sur le monde ? Pourquoi leur interdire cette relation passionnante à l'autre et à la nouveauté ? C'est souvent en haut lieu que les choses se grippent, que les langues sont de bois et que la condescendance devient dangereuse. Pour m'être souvent retrouvée à discuter « éducation » avec les instances dirigeantes, j'ai eu le sentiment que cette élite, pour se racheter une bonne conscience, développait un discours démagogue qui finissait par enfermer la jeunesse dans « sa propre culture », sa « culture banlieue ». Quant à mes démarches de cuistre, par trop élitistes, elles revenaient à mépriser ces enfants, car elles biffaient leur singularité. Dans l'esprit de ces personnes, imposer une culture classique aux élèves revient à leur manquer de « respect », mot dont on ne s'est jamais autant targué sans pour autant savoir ce qu'il veut dire dans la débauche d'utilisations qu'on en a.

Ainsi m'a-t-on demandé si « cela ne me gênait pas d'imposer ma culture bourgeoise aux lycéens ». La question me fut posée par des amis normaliens venus assister à la représentation de *Tohu-Bohu*, pièce écrite par mes élèves, quand eux-mêmes avaient bénéficié de cette culture si méprisable au cours de leurs études. Pourquoi garder ces références pour soi et laisser les autres, nus et sans mots, afin que la rigidité sociale française, celle du statut acquis, demeure ? Nous mourons doucement d'un système qui favorise la reproduction des élites et les hommes ne s'entendent plus.

Pourtant, je ne crois pas faire preuve d'originalité quand j'impose la lecture des *Fleurs du mal* aux élèves. Je traite tout simplement les programmes de français dont décide le ministère de l'Éducation nationale. Toutes les œuvres littéraires qui en constituent la liste sont exigeantes. Il n'existe pas d'œuvres *faciles*. Pas plus qu'il n'existe une version sans ironie de *Madame Bovary*, ni une autre de *La Princesse de Clèves* dont on aurait gommé la dimension morale, ni un *Lorenzaccio* vidé de son propos politique.

J'ai le sentiment que les remarques que l'on m'a si souvent adressées soulignaient moins le désaccord de mes interlocuteurs sur la matière étudiée en cours que sur *la façon* dont cette matière était abordée. La façon est, en effet, celle d'une amoureuse des Lettres. Il ne m'est pas possible de faire abstraction de la charge de travail et de rêve conjugués que tressent les lignes d'un roman quand je l'étudie avec mes élèves, pour cela même que je suis en train d'en écrire un. Le rapport vital que j'entretiens avec les mots, ma rencontre incarnée avec la narration, est le résultat d'une enquête personnelle et quotidienne sur les terres de la langue. Et je ne peux pas faire comme si tout était facile ou évident. Si évidence il y a, elle est celle du rapport que la beauté conserve avec le travail, la douleur, la patience. Et cela, les élèves le comprennent très bien. Quand cette équation se déploie devant leurs yeux de jeunes lecteurs et pince les nerfs de leur cœur, ils vivent un contact authentique avec l'œuvre et son intention profonde. Car le texte littéraire impose cette franchise vis-à-vis de soi et de l'autre. Sans cette confrontation, où bluff et indigence ne trouveront pas leur place, l'ennui et la frustration s'installent dans les deux camps : celui du professeur et celui de son élève.

« Pourquoi ne leur faites-vous pas étudier la versification à travers le rap ? Ce serait plus facile que de passer par la métrique classique. » « Pourquoi n'utilisez-vous pas un contre-langage, comme le verlan, pour revenir ensuite avec eux à un langage normé ? » Ces questions m'ont été posées par un chercheur, expert en pédagogie. Questions auxquelles je n'ai pas répondu franchement, car mon interlocuteur était animé – je veux le penser – par de réelles bonnes intentions à l'égard des enfants, bien que restant en dehors des réalités du terrain. J'étais abasourdie par ce que je venais d'entendre. Je devinais que, quels que soient mes arguments, je ne parviendrais pas à convaincre. J'étais face à un mur : celui de l'idéologie officielle, cimentée par un humanisme qui s'est fourvoyé. À la fin de la discussion, on m'a dit qu'il fallait que je tienne encore quelques années en milieu scolaire et qu'un jour, moi aussi, j'aurais un beau bureau avec de vraies responsabilités…

Je repense souvent à ce que l'on m'a dit ce jour-là. Comment imaginer sérieusement qu'un professeur pourra asseoir son autorité, la force stimulante de son discours, qui dans sa forme doit être singulier, en usant des codes linguistiques qui sont ceux des jeunes, lesquels seraient alors beaucoup plus à même de faire un cours au professeur sur ces réalités linguistiques, précisément ? Nous ne sommes à l'école ni pour inaugurer une quelconque esthétique du bouleversement carnavalesque ni pour expérimenter la transe d'une inversion des valeurs. Par ailleurs, nous n'en avons pas le temps.

J'évoquais l'ennui et la frustration. Je serais, en effet, très frustrée en tant qu'écrivain et professeur si je renonçais à évoquer le poème ou le dialogue théâtral dans toute son étendue philologique. Cette frustration deviendrait alors celle de ma classe, car le discours promulgué ne touche le cœur qu'à la condition d'être motivé. Et je ne trouverais aucune motivation dans l'étude d'une BD telle *Titeuf*, lecture qui m'a néanmoins été conseillée par une directrice d'IUFM qui estimait, après un discours prononcé à l'Unesco, que mon engagement trop élitiste se situait à la limite de la provocation.

Or, qu'est-ce qu'un classique ? Une œuvre que l'on n'a jamais fini d'interroger. Une œuvre qui replacera toujours nos belles certitudes sur l'écheveau du rêve. Un puits sans fond qui nous perdra sans cesse dans les méandres de ses possibilités. L'esprit y trouvera, en toute place, en tout temps, une manne précieuse pour les visions qu'il cherche et le sens qu'il veut découvrir. Non seulement les grands textes intéressent au plus haut degré les élèves, car comme nous l'avons dit leur humanisme leur est adressé, mais ils sont la seule autorité dont je dispose pour faire cours et m'en sortir.

S'en sortir, pour un professeur de lettres, c'est peut-être ne pas renoncer à enseigner la littérature. Convoquer les savoirs universitaires qu'il a passionnément acquis. Et c'est aussi ne jamais justifier ses passions. En ce qui me concerne, et cela doit concerner beaucoup d'entre nous, elle est celle que je cultive pour les mots. Et cette passion, je ne la négocierai pas. Je ne renoncerai jamais à la littérature en présence de mes élèves. Sinon, je changerais de métier. Peut-être est-ce ce que j'ai déjà fait ou commencé de faire en écrivant des romans, mais je crois que j'ai surtout trouvé là un moyen pour revenir à eux avec plus de joie et d'enthousiasme.

Politique

Renoncer à élargir l'horizon des élèves, en les ramenant à leur quotidien, à un langage stéréotypé, qui les enferme et les stigmatise, constitue le panel de désastres condamnant les enfants à la loi d'un ghetto tant géographique que linguistique. En somme, à l'inertie. Or, le mouvement sera celui de l'esprit. Il est des contextes où seule l'intelligence émancipe, quand son expression première devient le langage.

Dès lors qu'il s'agit du langage toute question devient politique, pense Hannah Arendt. Aristote avait déjà formulé l'équation dans *La Politique*. La langue est politique dans la mesure où elle est le moment même de l'accord entre les émotions et les valeurs. Sans le langage, tout devient malentendu, discorde, violence. Le langage est en cela l'expression première de la civilisation. C'est tout le sens du propos d'Aristote qui rapproche les deux formules : « l'homme est un animal politique » *(zoôn politikôn)* et « l'homme est un animal doué de raison donc de langage » *(zoôn logôn echôn)*. La *banlieue* est le *lieu* qui est mis au *ban*. Elle est en dehors de la Cité. Les Grecs considéraient les individus extérieurs à Athènes comme des Barbares, car ils ne parlaient pas grec. Les quelques anecdotes rapportées plus haut, concernant la démagogie de certains discours tenus à l'égard des élèves, m'évoquent cette bipolarisation du monde antique. En défendant ce type de propos, on est certain que les Barbares n'envahiront jamais la Cité. Me reviennent en mémoire ces mots redoutables de Hannah Arendt :

> L'éducation ne peut jouer aucun rôle en politique, car en politique c'est toujours à ceux qui sont déjà éduqués que l'on a affaire. Quiconque se propose d'éduquer les adultes se propose en fait de jouer les tuteurs et de les détourner de toute activité politique. [...] en réalité on se refuse à accorder à ces mêmes enfants, dont on souhaite faire les citoyens d'un utopique lendemain, le rôle qui sera le leur dans le corps politique [1].

J'ai souvent questionné les élèves au sujet de leurs impressions, quand ils se rendaient à Paris. L'accès à la capitale est facile : il leur suffit de prendre le métro. Mais la majorité d'entre eux m'ont répondu qu'ils ne s'y sentaient pas bien. Jamais ils ne se faisaient d'amis parisiens de leur âge. À leur démarche, leur façon de parler essentiellement, mais aussi à celle de s'habiller, chacun voyait qu'ils n'étaient pas de la Cité – celle située sur la ligne 4, entre Saint-Michel et Châtelet –, mais les habitants d'une cité, morne, grise, triste, comme il y en a tant dans le périmètre suburbain. Les milieux ne se mélangent pas, ce

1. Hannah Arendt, « La crise de l'éducation », *La Crise de la culture* (1954), trad. Patrick Lévy, Gallimard, coll. « Folio », 1972, p. 227-228.

qui semble être une loi dictée de part et d'autre des deux camps. Condescendance et frustration ébauchent un paysage bien morne.

Pourtant la *banlieue* reste un objet de fantasme. Il lui arrive d'être un lieu à la mode. Si mes élèves rêvent presque tous de la quitter, d'autres y font régulièrement des pèlerinages. D'ailleurs, tout le monde dit connaître la banlieue. Il y a de grands théâtres dans l'Est et le Nord de Paris. On sait aussi que quand la grève du métro parisien sévit, ces théâtres sont vides. Les enfants qui habitent pourtant à quelques barres d'immeubles de ces hauts lieux de la culture ne s'y rendent pas. Leur fréquentation des théâtres restant le plus souvent à l'initiative d'un professeur passionné. Plus étonnant encore, mes étudiants perçoivent eux aussi ce hiatus entre leur être et la culture qu'ils pensent réservée à une élite intellectuelle. Ceci me conduit à penser que les nombreux moyens mis en place par le gouvernement et les villes, pour accueillir souvent gratuitement cette jeunesse au théâtre ou au musée, n'ont pas suffi à leur faire admettre que cette culture leur était également adressée. Le problème est autre que celui de l'argent.

Je me souviens d'une discussion avec Afedh à l'entrée du Centre dramatique national de Montreuil. Il était posté depuis un bon quart d'heure sur le seuil et il n'osait pas entrer. Les regards qu'il avait croisés avant le spectacle l'avaient sommé d'attendre la venue du reste de la classe et du professeur pour pénétrer dans ce sanctuaire de la culture.

Le chemin qui mène du métro au lycée où j'enseigne est triste. Des cités. De petits arbres sans feuilles. Des pelouses galeuses que l'on est quand même content de traverser. Un tramway qui sonne. Du gris. Des dalles. Un centre commercial immense et inhumain. Des bus. Des gens qui marchent et ne sourient pas. Des tunnels qui baignent dans une lumière jaune. Des néons qui éclairent des murs lépreux couverts de tags. Pas de cafés. Pas de fleuristes. Pas de librairies. Des gamins qui traînent, qui braillent. Dans le bus qui me reconduit au métro à la fin de mes cours, c'est un brouhaha de cris, de mots plus ou moins compréhensibles et de musiques échappées de l'attirail MP3 qui pousse sur les oreilles d'un enfant sur deux. La syntaxe est aussi agressive que les tours qui crèvent le ciel noir. Le magma des formes architecturales et celui des phrases se ressemblent. Violence et tristesse conjuguées. Personne ne s'entend. Le chauffeur du bus a hâte de décharger sa marchandise humaine et moi de retrouver le vide des couloirs du métro.

Je souhaiterais demander à ceux qui ne prennent pas le bus 301 pourquoi ils tiennent ce genre de discours concernant la prétendue valeur d'une langue de la banlieue, quand ils savent au fond qu'il est spécieux ? Qu'y gagnent-ils et que perdraient-ils à affirmer l'inverse ? Je veux bien croire que certaines des personnes avec lesquelles j'ai parlé de cette question étaient de bonne foi. Mais ce n'est pas faire honneur à leurs qualités de discernement. En revanche, je suis portée à penser que la plupart des gens qui ne mettent jamais les pieds dans ces lieux qui les font fantasmer cherchent à s'acheter une bonne conscience en louant une culture pourtant absente des discothèque, bibliothèque, vidéothèque de leur appartement.

Mes amis normaliens disciples de Bourdieu furent donc sincèrement choqués que les lycéens aient été sommés pour écrire leur pièce de lire Sophocle, Kafka et Beckett. Ces deux derniers auteurs, pour ne citer ni Baudelaire ni Flaubert qui entraient aussi dans le corpus des lectures, auraient certainement souri s'ils avaient su qu'un jour ils deviendraient les parangons d'une *culture bourgeoise !* Or, qu'est-ce que cette *culture bourgeoise* au juste ? Une culture de riches, de notables, avares de leurs codes ? Une culture qui enferme l'élite dans un langage qu'elle se réserve, parce qu'il est la garantie du pouvoir ? Dans ce raisonnement absurde résonne quelque chose de vrai. Le pouvoir appartient effectivement à ceux qui ont les mots. Alors, pour ne pas ressentir la honte de vouloir donner toutes leurs chances aux élèves, chances que mes interlocuteurs pétris de beaux principes avaient eues en l'occurrence, il aurait fallu que je leur réserve une culture de pauvres ? Une culture *antibourgeoise* ? Une culture qui leur ressemble ?

J'ai répondu à mes amis qu'un éditeur, un metteur en scène, un théâtre parisien avaient tendu la main aux élèves et qu'ils leur avaient fait confiance. Les élèves devaient donc se dépasser. On ne convoque pas un public de lecteurs ni des amoureux de la scène sans s'être soi-même confronté à la difficulté. Et, le temps de la rédaction de *Tohu-Bohu*, l'école était devenue une porte ouverte sur d'autres choses. Un nouvel espace : celui de la scène. Une nouvelle culture : celle des auteurs. Une nouvelle voix : celle des comédiens. De nouveaux regards : ceux des spectateurs qui ne vous passeront rien.

Cette nomenclature luxueuse et exigeante placée autour des élèves les a pour un temps réconciliés avec des univers qu'ils pensaient leur être inaccessibles. Le soir de la représentation, les mots qui sortaient de la bouche des comédiens avaient beau être les mots des élèves, ces derniers n'étaient plus vraiment certains d'avoir écrit ce texte. Ils étaient autres à eux-mêmes. À ce titre, je dois préciser qu'il s'est passé dans leur conscience ce qui advient quand l'écrivain entend son texte lu par autrui : il ne le reconnaît pas. Pour avoir vécu plusieurs fois l'expérience, je sais qu'elle est douloureuse. Quand les mots sont confiés, vous en êtes dépossédé, vous ne vous appartenez plus. Or, cette aliénation, cette césure, demeure indispensable, car toute parole est liée à une prise de conscience et le détour par autrui nous ramène toujours à nous-mêmes. Les élèves ont besoin de rencontrer ce qui est autre, ce qui leur semble absolument étranger. Puis, seulement après, ils retourneront à eux-mêmes et sauront dire mieux que jamais ce qu'ils désirent. Ils pourront alors s'affranchir de cette *culture bourgeoise*, « jeter les livres » comme le disciple de Gide, mais ils en auront eu connaissance. Ils auront pu choisir. Et le drame reste de ne pas avoir le choix.

Quantité de professeurs mènent des actes *politiques* forts en pariant sur l'exigence et la beauté. J'en connais de nombreux et de très discrets. Je voudrais leur rendre hommage. Beaucoup d'entre eux sont très jeunes et des plus motivés. Cette motivation se construit sur le pari qui est celui de la transmission des belles choses. Ayant formé des néotitulaires et rencontré lors de stages de formation beaucoup de jeunes enseignants, j'ai été touchée par leur volonté de donner aux élèves ce qu'eux-mêmes avaient reçu à l'agrégation ou au Capes. J'en ai croisé certains quelques années plus tard : ils étaient brisés. Il est très difficile de ne pas céder au découragement, à la violence verbale, et surtout à l'incompréhension des élèves. Quand on aime plus que tout la poésie ou la peinture baroque et que la classe vous fait comprendre que le « spleen » ou le clair-obscur de Caravage n'est pas sa priorité parce que au quotidien il y a tant de combats à gagner, il est difficile de répondre quelque chose...

Souvent je doute. Alors, par acquit de conscience, je demande à mes élèves de définir cette « culture de la banlieue » par la langue, la musique, les images qui seraient les siennes. J'attends, sinon des définitions, au moins des bribes d'impressions. Or, je rencontre le vide. Il doit bien y avoir quelque chose... Je creuse un peu, je réitère ma question et les élèves finissent par évoquer les fêtes dans les quartiers : « Elles ressemblent à celles au bled, me précisent-ils. On se rend au printemps sur les dalles entre les tours, on écoute en boucle de la musique de chez nous, on joue du *jumbe*, on danse sur des airs de hip-hop, et cela entre nous. Les darones ont fait la cuisine et le thé à la menthe. C'est très bon. Il y a les grands frères et les petites sœurs. On filme tout cela avec un Caméscope et on est très heureux. Après on se repasse le film en boucle. On en a même des séquences enregistrées sur nos téléphones portables. Vous voulez voir ? »

Voilà la seule description concrète que je suis parvenue à glaner en neuf années d'enseignement. J'ai compris, en les interrogeant, qu'il y avait aussi les fratries musicales, les groupes sportifs... Mais je me suis rendu compte que toutes ces communautés organisées autour d'un code musical ou sportif avaient tendance à séparer les êtres plus qu'à les rassembler. En cela, le type de grande fête de quartier décrite par mes élèves me semble être la manifestation culturelle la plus typique de leur cadre de vie. Le moment où, effectivement, quelque chose se construit à travers les mots, la musique, le mouvement et la liesse.

Esquiver les mots

Et les mots de la fête, quels sont-ils ? Ceux des cours d'école et des cités. Pas ceux autorisés à entrer dans la classe. Je me souviens d'une discussion avec Abdellatif Kechiche, le réalisateur du film *L'Esquive*. Je l'avais rencontré dans un hôtel des Champs-Élysées pour une interview croisée dans *Télérama*. Il travaillait à la promotion de son film et je venais de publier mon livre d'entretien avec George Steiner, *Éloge de la transmission*[1]. J'avais vu trois fois le film en avant-première. Cela avait été une épreuve. J'ai aimé ce film. Je l'ai trouvé beau de réalisme, de précision psychologique et de poésie. Un réalisme qui faisait mouche. Une poésie de l'intime, des regards, des grains de peau qui me fait saluer en *L'Esquive* un grand film où perce l'humanité du réalisateur et l'empathie qu'il a pour les adolescents qu'il filme.

La première scène de *L'Esquive* montre un groupe de jeunes garçons en train de parler au pied des tours de la cité. Sur le plan linguistique, la séquence est inaudible. Les personnages aboient, éructent, crient. C'est une épreuve pour les nerfs d'un professeur, parce que les élèves parlent effectivement comme cela dans la rue, les couloirs du lycée, au réfectoire, dans la cour de récréation, et que le professeur se bat sans cesse contre ces rapports aux mots. D'un point de vue cinématographique, ce brouhaha sonore qui confine à l'absurde peut créer un effet comique très efficace. En dépit de la cacophonie, les visages se scrutent et les yeux se comprennent. Aussi le dialogue fonctionne-t-il en vase clos, à l'inverse de l'aparté de théâtre, puisque le spectateur, qui ne comprend rien ou si peu au dialogue, est exclu de la scène dans laquelle il a pourtant été propulsé.

Cette scène inaugurale est du grand art. Sans la maîtrise de l'image, du tempo, du cadrage, le tableau serait bien

1. George Steiner, Cécile Ladjali, *Éloge de la transmission*, Albin Michel, 2003, Hachette Littérature, 2007.

fade. Les paysans du *Dom Juan* de Molière parlent la langue de Molière et non celle répandue dans les campagnes françaises du XVIIe siècle. Si tel était le cas, il n'y aurait pas de *théâtre*. Et si le réalisme de l'œil froissé, du geste transi, de la voix étranglée ne favorisait pas cette patine de documentaire qui crée toute l'esthétique du long métrage, il n'y aurait pas de *cinéma*. Le travail au rasoir du réalisateur est admirable. Cette première scène montre les visages des enfants et à chaque plan vient se superposer une parole. La technique induit plusieurs caméras, un scénario, un cadre visuel et sonore des plus précis, pour qu'advienne ce faux dialogue de sourds, absolument virtuose. Par ailleurs, la « schizophrénie » de Lydia, l'héroïne, constitue un véritable sujet cinématographique. Dans la rue, la jeune fille parle comme ses amis de la cité : elle a la gouaille des Framboisiers. Sur scène, elle « s'éventaille » et sa voix devient musique. La partition est signée... Marivaux ! La dualité du personnage est sans doute le foyer incandescent du film. Or, ce jour-là, on m'invitait à parler avec Abdellatif Kechiche en tant que professeur et non comme romancière. Moi-même artiste, je ne respecte rien autant que la création. Mais quand j'ai dû donner mon avis de professeur à Abdellatif Kechiche au sujet du langage de ces jeunes, je lui ai dit que je ne pouvais pas faire croire à mes élèves que s'ils s'enfermaient dans cette langue-là ils seraient un jour libres et heureux. Bien au contraire, ils deviendraient les exclus d'une société qui ne leur ferait aucune place, s'ils se présentaient à elle aussi démunis linguistiquement.

Le monde humain n'est pas un monde de sensations ou de pulsions, mais un univers de choses nommées et d'idées. Si le langage demeure le tissu d'humanité cousu entre les êtres, le langage des protagonistes de *L'Esquive* n'en est pas un. La fin du film est édifiante à cet égard. Le héros qui renonce aux mots du théâtre, puisqu'il ne jouera pas auprès de Lydia dans la pièce que présente la classe, se réfugie dans un autisme et une timidité maladive. Il perd la parole et son amour en même temps. C'était par le truchement de la langue et du costume d'Arlequin qu'il pouvait vivre une idylle avec Lydia-Colombine. Il reste donc en dehors de la fête, exclu du cercle allumé du théâtre et de son grand ventre chaud. Sans doute est-ce par le langage que les petits acteurs sont nés à eux-mêmes. À la fin de *L'Esquive,* Krimo est encore dans les limbes du monde et de sa propre conscience. Il s'est *esquivé*. Il demeure en dehors de la communauté des rires et des mots que l'on vient d'offrir aux grands et aux petits. Krimo est muet, muré dans son silence absurde.

J'ai fait part de ma lecture de la fin du film au réalisateur qui m'a répondu qu'il ne pensait pas à cela. Abdellatif Kechiche a voulu peindre une histoire d'amour qui certes ne finit pas très bien, mais puisque Krimo est jeune et qu'il a la maladresse de sa jeunesse, tout est encore possible… Alors, j'ai demandé à Abdellatif Kechiche ce qu'il pensait du langage de ses personnages. Il m'a répondu qu'il trouvait à cette langue de la cité une richesse incroyable. « Le mot kiffer vient d'entrer dans le dictionnaire, ajouta-t-il, en cela le français est une langue vivante. » Je sais bien que ce qui participe de la vitalité d'une langue est l'apport que d'autres langues vivantes font à ses taxinomies. Aussi lit-on dans le dictionnaire :

> KIFER ou KIFFER (1990) : de l'ar. maghrébin *kif*, « état de béatitude ». *Fam.* 1) *V. Intr.* Prendre du plaisir. « C'est le seul truc à l'école qui me fasse kifer. » (*Actuel*, 1990). 2) *V. tr.* Apprécier, aimer bien.

Outre que l'exemple cité par l'Académie pour illustrer l'entrée n'est pas littéraire, puisqu'il est emprunté à la phraséologie des cours d'école relatée par le journal, l'usage de ce mot ne peut être que familier et, en premier lieu, intransitif. Le registre de langue et la valence du terme appellent donc le minimalisme. Certes, le passage de l'intransitif au transitif pourrait donner raison à Abdellatif Kechiche, partisan de la thèse selon laquelle une nouvelle langue serait sur le point d'émerger. En effet, l'accueil que réserve le verbe à son complément signifie tant l'élargissement sémantique que l'agrandissement de l'horizon social et culturel du sujet parlant. Mais la grammaire peut être fourbe en encourageant le malentendu ou la mauvaise foi. Car, pour être tout à fait honnête, la question que l'on devrait se poser n'est-elle pas de savoir combien d'entrées de mots sont oubliées par les élèves chaque année, pour une nouvelle entrée dans le Robert ? Et si je reviens à l'*étymon* arabe du terme *kif*, « état de béatitude », et que j'interroge les élèves sur son sens, je n'ai alors aucune chance d'entendre : « contentement, euphorie, extase, quiétude, satisfaction »...

Je constate que la syntaxe et le vocabulaire des jeunes se rétrécissent comme peau de chagrin. Je ne supporte pas la complaisance que l'on peut éprouver devant le spectacle d'une jeunesse qui tombe. Une de mes élèves, Miruna, m'a confié dans quelle situation terrible elle se trouvait. Après avoir été au lycée en Seine-Saint-Denis pour suivre une scolarité en filière générale, elle s'est engouffrée dans un cursus universitaire de droit. Elle est en train de réussir. Mais elle m'a avoué que la première année avait été terrible, parce que les professeurs qui l'interrogeaient à l'oral identifiaient d'emblée « son accent ». Je lui ai demandé de quel « accent » il s'agissait. Elle m'a répondu : « Eh bien ! celui du 9-3. » J'ai insisté pour qu'elle précise sa pensée et elle a ajouté : « Pas le langage des bourgeois, des gosses de riches, si vous voulez, celui des filles et fils de darons comme nous. Des fils du bled. Des pauvres. » Que s'est-il donc passé pour que l'argent, l'économie se situent au point de départ des définitions que l'on donne du langage aujourd'hui ? L'art est ce qui ne doit pas avoir de prix. Mes élèves m'apprennent que je suis bien naïve. Mais je leur réponds que j'entends le rester.

Les Anciens et les Modernes

J'ai vécu une drôle d'histoire en conduisant mes élèves à un salon du livre. Ces derniers étaient en train de rédiger leur pièce de théâtre *Tohu-Bohu*. Le texte allait être publié, préfacé par Daniel Mesguich, et mis en scène à Paris par son fils, William Mesguich. Il s'agissait donc pour les élèves de se donner les moyens d'être lus et entendus au plus haut niveau. Pour cela, il avait été question de beaucoup lire et d'écrire encore plus. On se rendait donc à ce salon du livre, des brouillons de *Tohu-Bohu* plein les poches, puisque nous devions faire une lecture publique de ce premier état du texte et cela en présence de l'écrivain François Bon et d'une classe de lycéens qui travaillait avec lui.

Les deux classes et leurs professeurs se retrouvent dans un amphithéâtre. Une fois sur place, nous vivons une véritable « querelle des Anciens et des Modernes ». Si pour écrire leur pièce mes élèves ont dû lire des textes classiques, la classe que nous rencontrons a choisi de s'inspirer du monde qui l'entoure, du réalisme gris de la cité, de la saveur amère de sa détresse, des liesses footballistiques dans les stades, de la politique, du Front national, etc.

Nourris de ces thèmes, nos hôtes passent devant le micro et lisent leurs textes. Mes élèves écoutent et réalisent qu'ils n'ont pas produit la même chose. Pourtant, de part et d'autre des bancs de l'amphithéâtre, sont assis et écoutent les mêmes enfants. Ils ont tous le même âge, portent les mêmes vêtements, vivent dans les mêmes cités et étudient dans des lycées quasi jumeaux. Or, ce qu'ils ont à nous lire les distingue absolument. Je suis assez angoissée pendant la lecture, car, avant notre entrée dans l'amphithéâtre, un des élèves de cette classe est venu me voir en me demandant sur un ton très agressif :

« Madame, pourquoi vous avez dit hier à la radio que ce qu'on écrivait c'était de la merde ? » Le lycéen faisait alors allusion à une émission diffusée la veille sur France Culture, consacrée aux ateliers d'écriture et à laquelle je venais, effectivement, de participer en compagnie de François Bon. Je lui ai répondu que je n'avais jamais dit cela et que, si nous n'empruntions pas les mêmes chemins pour écrire, cela n'induisait aucun mépris de notre part. Ma réponse n'avait pas convaincu le garçon qui, à l'évidence, voulait me provoquer, puisque sans m'écouter il continua un bon moment à nous insulter avant le début de la rencontre. Le ton était donné...

Lors de notre échange radiophonique, il était apparu évident que nos pratiques d'écrivain étaient très différentes, or nous parvenions tous les deux au même résultat et c'était cela qui importait. En somme, nous entendions, par la création, conduire chaque élève à une nouvelle estime de soi, à une confiance en lui-même inédite. Si François Bon était capable de devenir auprès des enfants un alchimiste s'emparant du décor de la cité et métamorphosant en or le gris du quotidien, ma démarche était beaucoup plus classique. Je faisais lire à mes classes quantité de livres, tous genres confondus, pour que le langage soit l'occasion d'un dépaysement.

L'artiste, quand il est conduit à enseigner, travaille avec ses sens et avec son cœur. Le très beau travail de François Bon est un travail de poétisation du réel, alors que le mien consiste en un saisissement du réel par le prisme de l'intertextualité ou du symbolique. Nous tournons autour de la même chose, mais nous empruntons des chemins diamétralement opposés.

En outre le passage par l'érudition, du point de vue de la pédagogie cette fois-ci, me semble moins risqué, car exempt de démagogie. Ma démarche avec les élèves est celle d'un professeur, attitude que François Bon n'est pas tenu d'avoir, bien au contraire. Par ailleurs j'ai la conviction que les lycéens attendent de moi un autre genre de rapport aux textes et à la création. Peut-être parce qu'ils présentent toujours ce qu'un adulte est capable de leur donner ? Et, depuis le début de cette année, dans mes choix de lecture, le ton de mes propos, les orientations de mes objectifs, j'avais annoncé une certaine couleur. Les élèves l'avaient captée. Ils sont, à cet âge, malléables comme de la cire. Notre responsabilité d'adulte est pour cette raison redoutable. Les élèves seront à l'image du livre qu'on leur aura tendu. La question est de savoir quels mots on leur offrira ?

Dans cet amphithéâtre, nous étions tous très mal à l'aise, car après la lecture de leurs textes ces élèves renseignés sur nos méthodes nous assénaient que nous étions « élitistes », « petits-bourgeois », « pas assez inventifs », que « nous n'avions pas de personnalité », que nous n'étions « pas en phase avec notre époque »... Je ne veux pas savoir si ces enfants écoutaient à quinze heures France Culture, un lundi après-midi, ou si des adultes, professeurs partisans d'autres pratiques pédagogiques, les avaient méticuleusement préparés à notre rencontre... Confrontée à de telles scories, la situation aurait pu vite devenir intenable. François Bon était assez désolé. Mon année scolaire pouvait se trouver ruinée. Or, l'attitude de mes élèves, vissés sur leur chaise, a été remarquable. Je crois qu'ils ont mûri en l'espace de deux heures. Ils ont écouté les textes et les remarques souvent très désobligeantes qu'on leur adressait. Puis, quand il a enfin été question de se lever pour lire leurs productions, mes élèves étaient fiers de faire entendre des textes riches de références littéraires, philosophiques, historiques, où perçait cependant à chaque fois la singularité de leur voix. Chaque petit carré de faïence qu'ils dévoilaient tour à tour allait former la mosaïque que nous dessinions ensemble cette année : notre pièce de théâtre. Notre tragédie praguoise en deux tableaux : *Tohu-Bohu*. Et, aux élèves qui leur faisaient face, mes lycéens ont rétorqué que derrière les métaphores, les allégories, se cachait leur XXIe siècle, que les deux jumeaux fratricides devenaient dans leur livre le symbole du clonage et des manipulations génétiques orchestrées par un certain Mendel, le père de la génétique. En outre, au moyen d'une fresque représentant la haine entre Juifs tchèques et Allemands dans la Prague de la fin du XIXe siècle, ils avaient brossé le tableau historique des tensions communautaires qu'ils vivaient au quotidien. Par goût, mes élèves avaient préféré décaler, déplacer le réel, pour en exacerber ainsi le sens et les effets, plutôt que de l'aborder de front.

De ma part, il s'agissait tant d'un choix esthétique que pédagogique. Car, même s'ils ne le formulent pas, les élèves sont davantage dans la demande d'un dépaysement que dans la quête d'un ressassement du même. Quand il s'exerce sur des plates-bandes jamais piétinées, l'esprit est plus libre et peut alors créer. Il s'étonne lui-même. Tout devient possible quand on porte son regard plus loin qu'à l'ordinaire et que l'on déplie ses grandes ailes dont on ne soupçonnait pas l'envergure.

L'esthétique des productions plusieurs fois réécrites, leur beauté intrinsèque, s'en ressent alors, mais seulement à cette condition. Le premier jet d'un brouillon d'élève, avant que le professeur ou l'écrivain ait conseillé d'insuffler au texte tel ou tel matériau poétique, est d'une platitude à pleurer. Et c'est normal. Je pense, par ailleurs, qu'il est maladroit et presque cruel de demander à des enfants de composer avec leur quotidien. Car leur quotidien est celui de leur expérience. Et, à quinze ans, qu'ont-ils eu le temps d'expérimenter ? J'ai envie de répondre : peu de chose et heureusement, car dans le cas inverse la vie de l'enfant est bien lourde à porter. Rilke écrit, dans Les *Cahiers de Malte Laurids Brigge,* que « pour écrire un seul vers » il faut beaucoup de « souvenirs ». Et « ce n'est qu'alors qu'il peut arriver qu'en une heure très rare, du milieu d'eux, se lève le premier mot d'un vers ». Ce poids de l'expérience, je le mesure quand j'écris un roman. Si l'écriture du théâtre ou celle de la poésie restent des genres qui appellent les principes d'« efficacité » et de « violence »[1] le roman convoque, quant à lui, « l'ex-

1. Ces deux principes, d'« efficacité » et de « violence » sont déjà présents, quand les élèves composent des textes de théâtre et de

périence » de l'écrivain. Ce genre est peut-être le plus difficile à pratiquer en raison même de cette mémoire des choses et des êtres qu'il faut posséder pour écrire un bon texte. Et il est évident qu'un adolescent n'est pas encore en possession de cette matière. Au vu de ces réalités, je n'ai jamais fait écrire de roman, voire de nouvelle, même très courte, aux élèves.

Le plus beau poème jamais écrit par un de mes élèves est celui d'Aurélie. Elle était ma plus mauvaise élève, l'année où j'enseignais à Drancy. La jeune fille avait vécu à Berlin pendant dix ans, à deux pas du mur. Toute petite, elle avait vu une personne se faire tuer en tentant de passer à l'Ouest. Les copies d'Aurélie étaient très médiocres. La jeune fille suivait pourtant le cours avec passion, je crois, car ses yeux me le disaient. Elle ne parlait jamais. Ce poème a été le soleil de mon année. Il y avait la ligne en feu de la vision, enlacée à la corde du souvenir. Pendue. Et enfin la lumière du sens, au bout

---

poésie. Lors des moments d'écriture à leur côté, je ne cesse de constater les convergences qu'il y a entre leur rapport à l'écrit et le mien. L'échange est en cela passionnant. « Efficacité » du théâtre, parce que la dramaturgie est l'art de l'action, de la parole qui « fait », de la vitesse et du rythme. Les mots font voir. Les mots deviennent visibles. Parfois même ils aveuglent tant ils sont incandescents. « Violence » du poème car il requiert, sur très peu de lignes, une fulgurance, une force contenue par la syntaxe, les sonorités, les rythmes, les images. Ce condensé de sens et de sensations est une explosion. Le poème reste, à cet égard, le genre auquel les élèves peuvent accéder le plus vite et de la façon la plus satisfaisante. Or, le récit, le roman, nécessite un retour sur soi, une capacité à la retenue, à la prise de distance réflexive qu'une conscience de quinze ans n'a pas encore, d'après moi.

des vers, qui se balançait comme un corps trop lourd, au terme de cette chaîne de sons et d'images qui s'étaient imposés à la mémoire d'Aurélie sans qu'elle ne les ait appelés. L'expérience, le souvenir de la mort, apparue au printemps d'une vie, avaient été capables de placer les mots. Je n'ai pas jugé utile de changer un seul de ces derniers ni suggéré une modification syntaxique au poème, dont la violente beauté demeurait figée, intouchable, dans les décisions et la mémoire de la jeune fille. Le souvenir de l'expérience chanté par Rilke avait fait son œuvre.

Il n'est pas question de faire croire aux élèves qu'ils sont des écrivains. Ils le seront peut-être un jour, mais après avoir noirci des milliers de pages et s'être entendu dire cent fois qu'il fallait remettre l'ouvrage sur le métier. En attendant ces très riches heures, il reste à leur faire admettre qu'un texte digne d'être publié puis joué par des acteurs professionnels est un texte qui devra comporter richesse philologique, profondeur symbolique, rigueur syntaxique manifeste, sans lesquelles les acteurs n'auront pas de repères pour le jeu et le public ne comprendra pas. Mais surtout, au-delà de toutes ces évidences, reste la satisfaction, la fierté que l'élève retirera de la présentation d'un texte impeccable, d'un texte qui ne ressemble pas exactement à ce que l'on attendait de lui. En somme, d'un texte qui *étonne*. Et, dans cet amphithéâtre, il n'y eut pas besoin de se battre. Les textes de mes élèves les défendaient avec véhémence. Il ne restait pas grand-chose à ajouter à leur lecture. Je ne suis pas certaine que les élèves de l'autre camp aient ressenti la même chose, la même douce évidence. C'était assez triste... Cette année-là, j'ai su que la partie était gagnée, un mois avant Noël, car les mots avaient fait leur grand œuvre sur les consciences.

Les lycéens sont restés calmes, ils n'ont pas réagi à la provocation, parce qu'ils étaient en possession de mots pour argumenter, structurer un discours et faire rêver. Mais, surtout, ils entraient sans le savoir dans la grande Cité de l'homme et c'est sans doute grâce à cette certitude d'avoir conversé avec l'humain qu'ils ont trouvé leur assise ainsi que le chemin de la « réconciliation ». Pour les féliciter, j'aurais aimé le jour même leur lire ces quelques lignes du philosophe Alain :

> Quand je lis Homère, je fais société avec le poète, société avec Ulysse et avec Achille, société aussi avec la foule de ceux qui ont lu ces poèmes, avec la foule encore de ceux qui ont seulement entendu le nom du poète. En eux tous et en moi, je fais sonner l'humain, j'entends le pas de l'homme. Le commun langage désigne par le beau nom d'Humanité cette quête de l'homme, cette recherche et cette contemplation des signes de l'homme. Devant ces signes, poèmes, musiques, peintures, monuments, la réconciliation n'est pas à faire, elle est faite [1].

1. Alain, *Propos sur l'éducation* (1932), PUF, coll. « Quadrige », 1986, p. 174-175.

Madame, à quoi ça sert la poésie ?

« Madame, à quoi ça sert la poésie ? » était l'intitulé d'un séminaire que j'avais prévu une année pour des stagiaires de lettres. J'avais alors repris la question d'un élève. À l'époque, je répondais à ce dernier que la poésie ne servait à rien et que c'était bien mieux comme cela. On se souvient des mots de Gautier qui, dans sa préface à *Mademoiselle de Maupin*, en digne théoricien de l'art pour l'art, s'adonnait à un superbe éloge de la gratuité :

> À quoi bon la musique ? À quoi bon la peinture ? Qui aurait la folie de préférer Mozart à M. Carrel et Michel-Ange à l'inventeur de la moutarde blanche ?
> Il n'y a de vraiment beau que ce qui ne peut servir à rien ; tout ce qui est utile est laid, car c'est l'expression de quelque besoin, et ceux de l'homme sont ignobles et dégoûtants, comme sa pauvre et infirme nature. – L'endroit le plus utile d'une maison, ce sont les latrines [1].

Quand on enseigne les sciences humaines, la philosophie, les lettres, il est question d'inculquer aux enfants des valeurs qui leur sont presque toujours étrangères, comme elles le sont d'ailleurs pour la société en général. L'une de ces valeurs est celle de la *gratuité*. Que serait un langage de la gratuité ? Derrière les deux syllabes

1. Théophile Gautier, Préface, *Mademoiselle de Maupin* (1835), Garnier-Flammarion, coll. « GF », 1991, p. 45.

du mot *gratuit* se cache le très beau terme de *grâce*. Elle est le *don*. Ce que l'on offre à travers les mots, sans en attendre quoi que ce soit en retour. Et ce que l'on possède alors, c'est le plaisir unique d'avoir donné et de s'être construit à travers un acte désintéressé. Cependant les mots aujourd'hui doivent avoir un retour, rapporter quelque chose, posséder une valeur marchande. L'avalence des mots demeure suspecte, alors que tout poète les rêve intransitifs. La philosophie fait l'éloge du doute et elle préférera le *pourquoi ?* au *comment ?* Or, l'aporie est anxiogène. Plutôt que de rester dans le suspense du sens, on préfère se donner l'illusion d'une certitude, en orientant son regard dans des directions que l'on devine à l'avance bornées. La poésie est *sui generis* ouverte sur l'infini, comme les grandes mathématiques. Elle est, pour cette raison, un genre des plus douteux aux yeux des élèves, puisqu'elle n'offre pas un propos immédiatement réutilisable. Et, en effet, en quoi Baudelaire sera-t-il *utile* au quotidien de ses lecteurs ?

Il est peut-être nécessaire de rappeler les quatre fonctions du langage selon Heidegger, qui pense la langue simultanément comme vision du monde et comme technique :

Parler c'est :

1) une capacité, une activité et un accomplissement de l'homme ;

2) le fonctionnement des organes de l'élocution et de l'ouïe ;

3) l'expression et la communication des mouvements de l'âme guidés par les pensées en vue de l'entente réciproque ;

4) une présentation et une représentation du réel et de l'irréel.

Ces quatre définitions de la langue, encore équivoques en elles-mêmes, ont été établies plus tard sur une base plus profonde par Wilhelm von Humboldt [...] On se contentera de citer une unique phrase tirée de ses considérations sur la langue : « Quand dans l'âme s'éveille véritablement le sentiment que la langue n'est pas simplement un moyen d'échange en vue de l'accord réciproque, mais qu'elle est un vrai *monde* que l'*esprit* est contraint de poser entre soi et les *objets* par le travail interne de sa force, alors elle (l'âme) est sur le bon chemin pour se trouver toujours davantage en elle (à savoir dans la langue comme monde) et à s'investir en elle. »

La phrase de Humboldt contient un énoncé négatif et un énoncé positif. Le positif dit : chaque langue est une vision du monde, à savoir celle du peuple qui la parle. La langue est le monde intermédiaire entre le monde et les objets. La langue est cette expression de cet entre-deux du sujet et de l'objet.

L'énoncé négatif dans la phrase de Wilhem von Humboldt souligne que la langue n'est pas un simple instrument d'échange et de communication. Or c'est précisément cette conception courante de la langue qui se voit non seulement ravivée du fait de la domination de la technique moderne, mais renforcée et poussée exclusivement jusqu'à l'extrême. Elle se réduit à la proposition : la langue est information[1].

C'est la technicité du langage, son caractère communicationnel et le pragmatisme qu'il recouvre, exempt de tout contenu visionnaire, que captent les élèves. Trop souvent, les élèves vont à l'école comme ils feraient leurs courses. Plusieurs fois par semaine, je suis sommée de dicter un cours pour qu'une fiche, pouvant être réinvestie à l'examen, soit produite. Je ne dicte pas : le cours doit être construit avec moi ou il ne sera pas. Par ailleurs, la dictée participe d'un mouvement unique, l'échange est alors nul, et la parole du professeur n'a aucune efficience sur la conscience de l'élève. Le poignet de ce dernier se contente de tracer les lettres vides d'un message resté inaudible.

La passivité des élèves, dans le rapport si indigent qu'ils entretiennent avec le langage, est l'une des conséquences de cette recherche du profit. Ce profit, ce bénéfice acquis pendant l'heure de cours, reste une réalité qui selon eux doit leur être donnée sans qu'ils aient eu à la gagner. S'ils regimbent à ce point devant les mots, c'est parce que la syntaxe, la construction d'un sens à travers une argumentation sont devenus pour eux des forteresses imprenables. Ils pataugent dans l'eau saumâtre des douves

1. Heidegger, *Langue de tradition et Langue technique* (1962), trad. Michel Haar, avec une présentation de Hermann Heidegger, éditions Lebeer-Hossmann, 1989, p. 34-35.

de cette Babel monstrueuse, sans trouver une raison à l'entreprise. Pourtant, le sens du texte à comprendre ou à écrire se situe dans ce lien très subtil que la conscience devra tisser entre l'effort et la gratuité. Revenons, avec Simone Weil, à une certaine définition de la *grâce* :

> Pour un adolescent capable de saisir cette vérité (qu'une version latine, un problème de géométrie peuvent rendre capables de porter à un malheureux le secours susceptible de le sauver) et assez généreux pour désirer ce fruit de préférence à tout autre, les études auraient la plénitude de leur efficacité spirituelle en dehors même de toute croyance religieuse.
>
> Les études scolaires sont un de ces champs qui enferment une perle pour laquelle cela vaut la peine de vendre tous ses biens, sans rien garder à soi, afin de pouvoir l'acheter [1].

Penser est très difficile, parce que cela revient à se donner tout entier et peut-être ne retirer sur le moment de l'acte de penser que la satisfaction de s'être dépassé, en ayant entr'aperçu de belles choses et pressenti autrui. Plus inquiétant encore : ces visions inédites sont sans doute des ombres qui n'existent pas. L'explosion de couleurs, de musiques et de sens n'investira guère d'autre surface que le modeste for intérieur de l'élève. Et cela peut sembler dérisoire ou trop peu. Pourtant je rêve encore de faire de mes élèves les disciples de Paul Valéry :

1. Simone Weil, « Réflexions sur le bon usage des études scolaires en vue de l'Amour de Dieu », *Attente de Dieu* (1942), Fayard, 1966, p. 97.

> Les œuvres de l'art le plus exquis, les subtilités du dessin, la dégustation des finesses et des concordances d'un langage parfait, les délicatesses de certaines ambiguïtés mathématiques, les précisions que l'on peut atteindre dans l'examen de l'âme – tout ceci est affaire privée entre quelques personnes. Ôtez-les – qui se doutera d'une perte si grande[1] ?

Il se pourrait bien que la culture, la beauté, la recherche des belles choses qui ne servent à rien concernent une élite exclusivement. Il est fort possible, et cela me navre, que la civilisation, dans son expression la plus pure, la plus honnête, ne puisse s'exprimer aujourd'hui que sur de petits îlots de savoir, dont l'un des cadres serait la salle de cours. Alors, quel intérêt à rester si discret quant à la manifestation de l'intelligence et de ses frasques ? Quel intérêt à rechercher la beauté pour soi et en soi, quand le monde nous dicte que l'ostentation, la vitesse et le bruit sont les points cardinaux que l'on est sommé de fixer, quitte à s'épuiser, devenir sourd et aveugle ?

Pourtant, le « spleen » baudelairien, l'« onirisme » des *Fleurs du mal* (pour n'évoquer que cette poésie-là car il y en a mille autres possibles à lire en classe) parlent aux élèves plus qu'ils ne le pensent. Cette fois-ci il appartient aux professeurs de les en persuader. Les expériences individuelles de l'angoisse et de l'espoir, du voyage et du rêve, toutes présentes dans les poèmes de Baudelaire, construisent un

1. Paul Valéry, *Tel quel, Choses tues,* 1910, Gallimard, coll. « Essais », 2001, p. 16.

miroir tendu au lecteur. Or, il faut admettre que le reflet se borne au fin trait de lumière lancé entre la page et la rétine de celui qui lit. Là encore, l'espace du plaisir, de la jouissance intellectuelle et esthétique, demeure restreint. L'élève doit cependant apprendre à circonscrire ce *plaisir du texte* qui va être celui de l'intimité et de la sphère familière. Un plaisir entre lui et lui. Certes ce *tête-à-tête sombre et limpide* avec soi-même reste, à quinze ans, quelque chose de terrifiant. Et c'est pour cette raison que l'on préfère la banale parole des autres, la multiplication des discours et des regards vides. On s'y perd, on s'y cache et on reste ainsi certain de ne pas être cerné.

Or, par le pacte d'une lecture honnête, les perspectives se déplacent et l'horizon s'élargit. Le précieux échange se réalise avec l'œuvre au cours d'une rencontre intransigeante capable de bouleverser une vie. Mais le séisme ne se voit ni ne s'entend. La satisfaction et le bénéfice retirés de la modification auront été tout personnels, réalisés dans le huis clos de la conscience, sans témoin, sans palabre. La grâce aura été celle d'une métamorphose, et le texte aura offert au lecteur un présent en proportion de ce que ce dernier lui aura donné à travers l'honnêteté de sa lecture.

Créer à l'école ?

Le lycéen qui pratique l'écrit d'invention, qui s'essaie au poème, qui vit l'aventure collective de la rédaction d'une pièce de théâtre, n'est pas un écrivain. Un auteur possède une œuvre, une pensée, une vision. Néanmoins, le passage par l'écrit et par l'oral demeure ce moment privilégié qui souvent ne peut être vécu qu'à l'école, moment où l'adolescent va entrer de plain-pied dans l'œuvre et tenter de la posséder en la copiant. Même l'auteur de génie écrit toujours après un autre. Valéry affirmait que, quand il rédigeait un poème, il pensait toujours au texte lu la veille. Créer à l'école ? Oui. Si créer revient à faire l'inventaire de nos lectures et à se placer dans cette démarche « mécanique » décrite par Alberto Manguel. Pour ce dernier, l'écrivain se situe dans un processus mécanique où il additionne les images glanées au cours de ses lectures pour les réinvestir au moment où il écrit à son tour : « La lecture est cumulative et se développe selon une progression géométrique : chaque nouvelle lecture s'ajoute à ce que le lecteur a lu auparavant[1]. »

Quand je m'adresse aux élèves, consciente en tant qu'écrivain de ce principe hérité, je place les lycéens dans cette esthétique de la reformulation. L'écrit d'invention, souvent mal aimé des élèves et des professeurs, n'exige, par son sens étymologique, rien d'autre que cela. *Inventer*, c'est faire l'*inventaire* des traits stylistiques saillants d'une œuvre, s'emparer de l'idiolecte d'un personnage, saisir la spécificité poétique d'un genre littéraire, sans faire abstraction du contexte historique où l'œuvre s'inscrit. Un rien, il est vrai… Ce sera une grande réussite que

1. Alberto Manguel, *Une histoire de la lecture*, trad. Christine Le Bœuf, Actes Sud, coll. « Babel », 1998, p. 35.

d'atteindre ce degré de *mimesis* pour un lycéen. Son texte s'approchera du pastiche, genre noble, pratiqué par les plus grands, comme Proust qui pense de la lecture qu'« elle est une amitié [...] une amitié sincère, et le fait qu'elle s'adresse à un mort, à un absent, lui donne quelque chose de désintéressé, de presque touchant[1] ».

La création à l'école se fait ainsi sous le regard intransigeant du professeur, mais surtout sous ceux, plus sévères encore, des vrais maîtres que sont les auteurs. Faire croire aux élèves qu'ils pourront créer sans repère ni consigne est, d'après moi, une démarche discutable. Je ne fais pas confiance à l'automatisme des écritures. N'étant pas certaine qu'il se joue quelque chose d'essentiel dans l'entreprise surréaliste, que penser d'une production d'élèves quand l'absence même de règle imposée l'oblige à pratiquer ce genre d'esthétisme ? La spontanéité chez un adolescent, au regard d'une soi-disant création poétique, n'existe pas. Ils sont désemparés quand on leur demande d'écrire un poème, un dialogue de théâtre ou un *incipit* de roman sans consigne. En revanche, ils remercient quand on leur en donne.

Ainsi, la création littéraire ressemble à un legs. À quelque chose dont on hérite et qui obéit à des codes précis. Les auteurs héritent des auteurs ayant écrit avant eux et la chaîne ne se rompt jamais, en dépit de l'illusion d'optique que créent les périodes dites de *décadence* ou

1. Proust, « Journée de lecture » (1905), *Pastiches et Mélanges* (1919), Gallimard, coll. « L'Imaginaire », 1992, p. 275.

de *déconstructionnisme* qui ne sont rien d'autre qu'une grand-messe à rebours, célébrant la mort d'une école dont on se détourne mais qui obsède encore. Néanmoins, pour se situer dans la *déconstruction*, encore faut-il connaître ladite *construction*, c'est-à-dire un certain rapport au classicisme.

Quand on leur annonce qu'il sera question de créer en classe, les adolescents revendiquent d'emblée une voix singulière et personnelle. Or, dans les faits, qui ne sont rien d'autre que les premiers textes produits, cette revendication ne s'accompagne pas d'un anticonformisme échevelé, bien au contraire : il n'y a pas plus conformiste qu'un adolescent lorsqu'il écrit. Afin de les guider sur les voies de l'iconoclasme, il est essentiel, me semble-t-il, d'exiger d'eux un rapport normé, donc classique et correct au langage. Il en va de même pour les références aux textes, à leur poétique, ainsi qu'à l'histoire littéraire. Ensuite nous pourrons déconstruire et la déconstruction recouvrera tout son sens philologique, parce qu'elle participera d'une intention et d'un projet forts. On ne peut pas demander à des lycéens, sans se moquer d'eux, et cela sous prétexte de création poétique, de désorganiser le vide. Le travail d'écriture poétique devient réellement passionnant lorsque la conscience de l'élève part d'une réalité poétique classique pleinement envisagée, pour atteindre un propos personnel qui pourra alors inclure la révolte. Car réorganiser les décombres est beaucoup plus constructif que tenter de désorganiser la vacance.

2

Deux états de langue

« – Que signifie ce rumuent de badigoinces ? »

Rabelais, *Tiers livre*

Les monosyllabes

Je souhaiterais revenir sur une idée répandue et qui pourtant me paraît erronée. On entend souvent dire que les élèves rencontrent plus de difficultés à l'écrit qu'à l'oral, pour la simple raison qu'ils appartiennent à une culture de l'oral. L'argument qui suit l'affirmation est qu'aujourd'hui la télévision et le cinéma ont remplacé les livres.

Or, les faits m'obligent à dire que les élèves et les étudiants éprouvent encore plus de difficultés à parler qu'à écrire. Quand il est question de développer une idée en la reformulant, en cherchant des synonymes, en dépliant une syntaxe qui par sa souplesse montrera que les contours de l'idée ont été cernés, maîtrisés, le silence est souvent de mise. Même les bons éléments à l'écrit sont incapables de répondre à une question autrement que par… un mot. Il n'est pas question de phrase, mais d'un unique mot. Parfois, ce mot est un monosyllabe : « oui », « non », « mal », « bien », « fort », « grand »… Véritable *peau de chagrin,* la langue des salles de cours renvoie à un pacte diabolique signé entre l'individu et le démon du renoncement. Sans les mots, la personne s'efface, elle devient transparente. Et le phénomène est d'autant plus effrayant que la société considère ce rétrécissement comme une chose communément admise, puisque rares sont les occasions qu'elle offre aux individus de s'exercer au beau langage. L'élite, quant à elle, pratique plus volontiers l'exercice inverse : elle allonge les mots. La pédanterie des médias et des politiques invente une langue à tiroirs, gonflée par l'air qu'apportent préfixes ou suffixes superflus. Aussi l'académicienne Jacqueline de Romilly fait-elle remarquer avec malice que l'on voit aujourd'hui fleurir des expressions comme conflit « intergénérationnel » au lieu de « conflit entre les générations », ou encore un verbe tel que « matignoniser[1] » le débat, la grammaire octroyant ainsi au Premier ministre un pouvoir inédit qui, par nature, ne peut être que second. Madame de Romilly, en revanche, nous dit son éblouissement, quand, lisant *Bérénice,* elle redécouvre ces mots de Titus, mots « tout simples » et pourtant capables de décrire « la surprise toujours renouvelée de revoir l'être aimé » :

> Depuis cinq ans entiers chaque jour je la vois,
> Et crois toujours la voir pour la première fois[2].

1. Propos de Jacqueline de Romilly, rapportés par Jean-Sébastien Stehli dans *L'Express,* mars 2007, à l'occasion de la sortie du livre de l'académicienne, *Dans le jardin des mots,* Éditions de Fallois, 2007.
2. Racine, *Bérénice,* II.2, cité par Jacqueline de Romilly, « Contre l'enflure des mots », *Dans le jardin des mots, op. cit.,* p. 14.

Le blocage des élèves à l'oral est dû, il me semble, au rapport douloureux que les enfants établissent entre le langage et le temps. L'oralité leur impose une spontanéité non assumable. L'improvisation est impossible en classe. Très souvent les élèves de bonne volonté, passionnés par un thème d'actualité, demandent à ce qu'il y ait débat. J'ai renoncé depuis longtemps à organiser des débats en classe, sauf si ces derniers sont consciencieusement préparés. La raison en est simple : les élèves sont incapables de débattre, talent qui ne semble pas être non plus l'apanage de beaucoup d'adultes.

S'ils ne savent pas parler, ils peinent également à écouter. Intégrer la pensée de l'autre à la sienne, pour ensuite s'en démarquer, est un exercice auquel ils renoncent vite. Par ailleurs, le fait d'entendre sa propre voix est une réalité difficile à surmonter. Je pense que la voix va plus vite que l'idée qui, elle, reste en arrière, encore à demi formulée, dans la gorge nouée de l'élève. Le malaise se situe dans ce décalage et entendre sa voix, pour réaliser qu'elle est le plus mauvais truchement qui soit à une idée qu'on a peiné à débusquer, encourage le silence.

L'écrit, en revanche, permet une prise de distance entre l'idée et sa formulation. On peut se tromper, on pourra toujours biffer les mots, réorganiser la proposition. Or, l'oral interdit l'erreur. La voix, c'est aussi le corps. Un certain rapport à la nudité. Un comédien dira qu'il faut des années de pratique pour habiller sa voix, la travestir, savoir la rendre séduisante. Qui n'est pas au bord du désespoir quand il entend un enregistrement faisant entendre sa propre voix ? On n'est peut-être jamais aussi étranger à soi-même que dans ces moments-là.

Il va donc falloir non seulement apprendre à coordonner le moment de la naissance de l'idée avec celui de sa formulation à l'oral, mais aussi supporter cette étrange musique de la voix tout en continuant à parler, c'est-à-dire en allant à la recherche d'une nouvelle idée s'ajoutant à la première, qui devra elle aussi être formulée et entendue, avant d'inviter une troisième idée à se dire…

Mes élèves se sont engagés avec passion sur les voies de l'écrit et de l'oral. Leurs créations littéraires successives, qu'elles aient été poétiques ou théâtrales, les ont toujours confrontés aux réalités linguistiques spécifiques de l'écrit et de l'oral. Le texte à écrire, puis à déclamer sur une scène, a contribué à structurer et à harmoniser de façon sensible leur rapport à ces deux états de langue.

Écrit : état des lieux

Quelles sont les « fautes » que l'on rencontre le plus souvent à l'écrit ? Des fautes d'orthographe, de ponctuation, de construction… Toutes les catégories morphosyntaxiques de la grammaire normative y passent. L'inventaire est fastidieux et n'apporterait rien ici. Or, plus que les fautes, ce sont les *empêchements* qui me semblent révélateurs de l'attitude des élèves face au langage. J'appelle *empêchement* ce que les lycéens s'interdisent de faire à l'écrit, alors qu'ils ont bien souvent en eux le souvenir, la marque d'un dépôt, même ténu, telle une fine couche de poussière, d'un modèle lu.

Ayant deviné qu'il existait là une réalité enfouie sur laquelle je pouvais compter, j'ai toujours imposé aux élèves de beaucoup lire. Parfois même, j'exige d'eux qu'ils apprennent des pages par cœur. N'importe quelles pages... Des poèmes, des tirades de théâtre, des *incipit* de roman. Ils sont toujours furieux et les premiers à revendiquer leur autonomie intellectuelle, leur devoir de penser par eux-mêmes, plutôt que de se contenter de répéter sans comprendre la parole des autres. Tous les arguments pouvant alimenter une petite philosophie du moindre effort sont alors déclinés.

Si j'accorde une place prépondérante au par cœur, c'est parce que je nourris la conviction que la mémoire des textes est ce qui structure notre être en profondeur jusqu'à la mort. Les exemples d'hommes ou de femmes ayant survécu dans des conditions extrêmes grâce au souvenir d'un texte appris par cœur à l'école et qui, le temps de la récitation, les aida à se détourner de l'enfer, sont aussi nombreux que bouleversants. Primo Levi ne devint pas fou à Auschwitz parce qu'il récita à son ami Picolo des vers entiers de *L'Enfer* de Dante, l'enfer poétique se substituant le temps d'un cauchemar éveillé à l'enfer du camp. On peut aussi citer l'exemple de cette Russe, professeur de littérature anglaise dans le Caucase à l'époque de Brejnev, qui fut condamnée à trois ans de cachot, sans lumière ni papier, à la suite d'une dénonciation. Sa prodigieuse mémoire lui permit sans doute de rester en vie. Elle connaissait par cœur les 38 000 vers du *Don Juan* de Byron, texte canonique en Russie depuis Pouchkine. Le temps de sa réclusion, elle se dicta à elle-même une traduction de l'anglais vers le russe. Aveugle, à sa sortie de prison, elle fit part de cette traduction à ses étudiants. Elle demeure la meilleure que nous possédions aujourd'hui. Le professeur est ressortie de prison aveugle, mais en vie. On sait aussi que les malades atteints de la maladie d'Alzheimer, bien que ne reconnaissant plus leurs propres enfants en phase terminale, sont capables de réciter des déclinaisons latines ou encore des poésies dont le souvenir remonte à l'époque de l'école primaire.

Ainsi, le texte de l'autre est cousu sur notre peau. Il sculpte notre être. Connaître *par cœur,* n'est-ce pas avoir *dans le cœur,* à jamais ? J'accorde donc pour ces raisons une place centrale au par cœur, et aussi parce que j'ai plus d'une fois constaté que les élèves dont la mémoire avait intégré la syntaxe, le vocabulaire, les rythmes et la tonalité d'une œuvre les replaçaient mécaniquement dans leurs productions à l'écrit.

Sandrine avait tenu un printemps le rôle titre de Sarrasine dans la pièce jouée par les lycéens et dont nous parlerons plus bas. Cette élève était pétrie du style de Balzac. J'ai pu lui donner la moyenne pour la première fois à l'écrit. Le commentaire qu'elle me rendait était, en effet, émaillé de mots et de tournures révélateurs d'une étude attentive de l'*incipit* du roman, que nous avions analysé, puis appris par cœur, et de l'intégration par la mémoire d'une kyrielle de répliques destinées à être déclamées sur scène. Sandrine écrivait sous la dictée de Balzac sans le savoir. En me rendant sa copie, elle m'a dit qu'elle avait écrit sans que cela lui paraisse difficile et qu'elle ne savait pas pourquoi. L'orthographe continuait d'être très lacunaire (à l'exception des mots qui venaient du roman étudié, alors photographiés), la ponctuation ne marquait presque aucune rigueur, mais le rythme des phrases, la richesse du vocabulaire, allant de pair avec la profondeur de l'analyse, étaient là. Je me suis dit alors qu'il fallait aux élèves assez peu de chose : des lectures actives et un réinvestissement de ces lectures dans le cadre d'un exercice écrit ou oral par lequel l'élève fera sienne cette littérature. La voix de l'auteur deviendra alors familière, puisqu'elle aura été le prétexte à un projet personnel, où seul le libre arbitre de l'élève aura compté.

Nous sommes revenus méticuleusement avec Sandrine sur l'orthographe et la ponctuation. Or, avant ce nettoyage nécessaire, le corps de la copie, un corps substantiel, était déjà présent. Les élèves montrent une capacité merveilleuse à la *mimesis*. Les grands textes, quant à eux, sont des viviers de sons et d'images qu'appellera par réflexe la conscience encore très réceptive des élèves. Il suffit d'observer ce qui se passe chez un enfant de quatre ans qui entend à la maison plusieurs langues, quand les parents sont polyglottes. Il les comprend et les parle toutes. Il lui serait même facile d'en ajouter une ou deux à sa prestigieuse collection. Il entend la musique de ces langues et l'harmonie est signifiante. J'ai connu des enfants de ce type. Je leur parlais ces langues sans l'accent attendu et ils ne me comprenaient pas. La mémoire de la langue et sa compréhension ne sont pas intellectuelles, mais toutes sensuelles. Le travail de l'esprit commence dès le passage à l'écrit, qui est une traduction. À quatre ans, l'enfant se laisse conduire par l'harmonie. Il se passe quelque chose de tout aussi merveilleux chez les plus petits encore, quand on leur conte une fable de La Fontaine. La langue du fabuliste est devenue, même pour nos oreilles d'adultes, une langue étrangère. Pour un enfant de trois ans, la petite musique paraîtra curieuse. Au début, il n'y entendra rien, puis, à force de redites, l'étrange partition finira par recouvrer un sens. Il la comprendra. La ferme demande de relecture formulée auprès des parents traduira, chez le jeune auditeur, le creuset de sens qu'auront imprimé les mots dans sa mémoire et le plaisir qu'il aura à y revenir tout en étant alors capable d'en anticiper le timbre et la signification. Ces lectures réitérées de fables sont sans doute l'un des plus beaux accès à l'apprentissage de la langue. Au lycée, je compte encore sur la capacité d'un enfant de quinze ans à retenir une langue exigeante, pour ensuite la restituer. Passé cet âge, les choses seront presque toujours impossibles.

Le philosophe Alain a écrit de très belles pages sur ce sujet :

> Je suis bien loin de croire que l'enfant doive comprendre tout ce qu'il lit et récite. Prenez donc La Fontaine, oui, plutôt que Florian ; prenez Corneille, Racine, Vigny, Hugo. Mais cela est trop fort pour l'enfant ? Parbleu, je l'espère bien. Il sera pris par l'harmonie d'abord. Écouter en soi-

> même les belles choses, comme une musique, c'est la première méditation. Semez de vraies graines et non du sable. Qu'il voie les dessins de Vinci, de Michel-Ange, de Raphaël ; et qu'ils entendent Beethoven dans leur berceau.
> Comment apprend-on une langue ? Par les phrases les plus serrées, les plus riches, les plus profondes, et non par les niaiseries d'un manuel de conversation. Apprendre d'abord, et ouvrir ensuite tous ces trésors, tous ces bijoux à triple secret. Je ne vois pas que l'enfant puisse s'élever sans admiration et sans vénération ; c'est par là qu'il est enfant ; et la virilité consiste à dépasser ces sentiments-là, quand la raison développe sans fin toute la richesse humaine, d'abord *pressentie*[1].

Or, pour qu'il y ait ne serait-ce que le *pressentiment* d'un sens, il faut qu'une structure linguistique soit en place, structure grâce à laquelle on pourra développer l'intuition. Il existe cependant des élèves totalement démunis et dont la détresse paralyse l'action des professeurs, et apparente l'école à une géhenne où le maître et son élève avancent en aveugles, torturés par les vents contraires et la fournaise.

Illettrisme

> ILLETTRISME : état de ceux qui sont illettrés.
> ILLETTRÉ, ÉE (*illitteratus*) : 1) *Vieilli*. Qui n'est pas lettré.

1. Alain, *Propos sur l'éducation, éd. cit.*, p. 17-18. *C'est nous qui soulignons.*

V. Ignorant. 2) *Mod.* Qui ne sait lire ni écrire. V. Analphabète. 3) Qui est partiellement incapable de lire et d'écrire.

Nous prenons ici le mot *illettré* dans la troisième acception du sens qu'en donne le Robert.

Travaillant auprès de lycéens inscrits dans des filières générales ainsi que d'étudiants suivant un cursus en lettres modernes, je n'ai pas rencontré de cas d'illettrisme à proprement parler. J'ai donc demandé à Lise, amie et professeur de lettres en LEP, de me décrire ce qu'il en était, car elle côtoie au quotidien ce type de misère linguistique.

Les enfants dont Lise m'a parlé ont entre quinze et vingt ans. Ils sont de deux types. Les étrangers qui n'ont pas bénéficié d'une formation suffisante et qui sont en apprentissage, et les enfants « déficients » pour qui l'illettrisme risque de demeurer une seconde nature. Ces élèves « déficients » ne sont, en effet, pas toujours identifiés comme tels. Ils sont donc envoyés dans des filières accueillant des élèves sachant lire et écrire, alors qu'il faudrait qu'ils soient inscrits dans des filières adaptées (UPIL), prévues pour des cas souffrant de troubles cognitifs reconnus mais ayant le même niveau qu'eux.

Or, la déficience n'est pas toujours acceptée par les parents, qui refusent de remplir un dossier. Il est vrai que la réalité n'est pas facile à admettre. Réalité tout aussi cruelle pour le corps enseignant qui doit, à travers un constat de ce type, analyser son propre échec. Il devient alors très délicat pour la hiérarchie de statuer pour tel ou tel cas d'illettrisme, puisque le diagnostic revient en même temps à signifier qu'en amont le travail en classe n'a pas été fait ou a été mal fait.

L'illettrisme est donc un sujet tabou. Les professeurs en butte aux carences de leurs élèves s'accordent à dire que les ouvrages théoriques sur la question, publiés par des spécialistes du langage, rendent compte de méthodes pas toujours applicables aux idiosyncrasies de chacun. En outre, les professeurs qui occupent le terrain auprès de ces enfants et posent le doigt sur les vrais problèmes n'osent pas faire entendre leurs voix au travers des publications. Enfin, si ces dernières existent, honnêtes et courageuses, elles sont encore trop peu nombreuses, me précise Lise.

Relatant des phénomènes linguistiques observés dans ses classes, ma collègue m'apprend que les élèves souffrant d'illettrisme pratiquent une lecture syllabique des textes. C'est-à-dire qu'ils décomposent les mots par syllabes lors d'une lecture orale ou silencieuse. Dans ces conditions, ils peuvent mettre jusqu'à dix minutes pour lire une phrase. Lise ajoute que le premier tiers de la lecture est toujours très laborieux. Ils se trompent et ne parviennent pas à mettre en relation le signe linguistique et le son auquel ce dernier renvoie. Au deuxième tiers de la phrase, les choses se mettent en place et le déchiffrage syllabique est correct. Puis, rendus au dernier tiers de la lecture, tout se passe comme si l'effort fourni avait été tel que les élèves recommencent à se tromper.

Par ailleurs, quand ces derniers parviennent à lire

correctement, la tentation première étant de se débarrasser de l'exercice en accélérant son rythme, les élèves passent de la lecture syllabique à la lecture globale. Ils photographient alors les mots, ce qu'une personne sachant lire fait automatiquement, mais cette photographie se transforme souvent en devinette. L'élève, handicapé par son illettrisme, va deviner les syllabes et un « pantalon » se transformera alors en « papillon ».

Ces exercices de lecture, aussi déceptifs soient-ils, demandent une pratique quotidienne, car Lise me signale que lorsqu'elle retrouve des élèves revenus de six mois de stage, certains d'entre eux ne savent presque plus lire.

Il existe donc, aujourd'hui, des élèves perdus dans le système scolaire, qui peuvent passer devant une affiche publicitaire recouverte de mots sans les *lire*. Ils *voient* un signe linguistique qui pour eux n'est rien d'autre qu'un dessin. Je pense qu'il est possible que ce *collapsus* se retrouve dans cet autre exercice de vocabulaire que Lise m'a décrit. Lorsque ma collègue donne à ses élèves la consigne de souligner dans un texte littéraire les mots qu'ils ne connaissent pas, ils ne soulignent presque rien, alors que la liste devrait comporter une bonne vingtaine de termes. Je pense qu'il se pourrait bien qu'une telle consigne « soulignez les mots que vous ne connaissez pas » n'ait pour eux aucun sens et ne puisse donc mener à aucune application. Ne *connaissant pas* le mot, c'est-à-dire cette succession de syllabes qui renvoient à un sens, ils ne peuvent pas *voir* le mot. À sa place, il y a un blanc et il est logique que le blanc ne soit pas souligné.

Par ailleurs, la lecture et l'écriture convoquent deux réalités : celle du *mot lu* et celle du *mot entendu*, en d'autres termes celle du *mot écrit* et celle du *mot prononcé*. On retrouve ici les deux sphères linguistiques déjà évoquées de l'oral et de l'écrit. Dans le cas des élèves souffrant d'illettrisme, le corrélat entre mot lu et mot entendu ne va pas de soi. D'après Lise, le phénomène est criant quand on leur dicte un texte. Les élèves *entendent* un mot, c'est-à-dire un composé phonétique ayant une signification, mais ils ne peuvent pas le transcrire. Les *mots-sons* n'ont pas de sens, car ils sont saisis à la volée, indépendamment de la cohérence syntagmatique dans laquelle ils s'inscrivent et qui doit former une phrase signifiante pour délivrer un message.

Ce phénomène est remarquable dans le cadre de la prise de notes, que détestent mes élèves qui, sans être illettrés, semblent trouver que cet exercice leur demande un effort trop violent. Les remarques de Lise, qui concernent des cas extrêmes, m'ont ainsi aidée à identifier les blocages de mes propres élèves quand ils sont invités à prendre des notes. Ils *entendent* des mots mais, comme les lycéens de Lise, ils *n'écoutent pas* la phrase. Ils n'écoutent pas le sens entièrement déplié. Cela par manque de travail et de persévérance. Il est plus difficile, en effet, de saisir l'ensemble que la partie, ou de faire tenir dans le cadre étroit de sa mémoire l'intégralité d'un message que quelques-uns de ses éléments. Et cette non-volonté de relier les choses entre elles se retrouve dans la tendance qu'ont les lycéens, voire certains de mes étudiants, à se rallier à une lecture fragmentée des textes. Ils ne les saisissent pas dans leur globalité de sens, mais s'en emparent à travers un relevé désorganisé de mots, glanés au hasard du texte et de sa progression linéaire.

À cet égard, l'exercice académique et reconnu du commentaire composé, qui oblige l'élève au baccalauréat à avoir une vision synthétique, donc composée, du texte, peut le faire basculer dans cet écueil. C'est pour cette raison que j'impose toujours une explication linéaire préalable du texte avant son analyse composée. L'explication linéaire est sans doute le seul moyen pour le lecteur exégète de suivre au plus près le mouvement naturel de l'écriture, la *respiration* du texte, en somme le fil de la plume de l'écrivain. Ça n'est qu'à cette condition que l'élève accédera à toute l'intelligence d'un message. Mais l'exercice demande une certaine endurance. Un effort de concentration et de mémoire.

Lise possède quelques « trucs » pour que ses classes s'accrochent au sens et respectent la linéarité du texte sans tomber dans le piège de la fragmentation qui finira par devenir celle de leur propre intelligence (lecture syllabique, mots blancs, décalage entre signifiant et signifié, etc.). Elle leur demande, par exemple, d'*écouter la musique du texte,* en somme d'être sensibles au plus profond message de l'œuvre. À son ironie, dans le cas de la prose de Flaubert qu'elle étudie avec des élèves passant un bac professionnel ; à sa polyphonie, quand il s'agit de pages de Balzac où il est question de discours indirect libre. Ainsi, exige-t-elle d'eux de ne pas avoir un point de vue trop étriqué, trop rétréci sur le texte. Point de vue qui est celui du lecteur moderne, qui consomme l'information, veut aller à l'essentiel, brade l'esthétique pour la communication, et passe ainsi à côté de la beauté et de l'intelligence qui lui sont consubstantielles.

Entendre la musique d'un texte, c'est avoir eu des parents qui, chaque soir, offraient à leurs enfants une séance de lecture à haute voix. Lire un livre à un enfant avant que celui-ci ne s'endorme demeure un acte essentiel. Le cerveau travaille au cours de la nuit, crée des liens, coordonne les images, fabrique du sens. En tant que romancière, mon travail de création le plus fort s'effectue tôt le matin, au lever. Or, j'ai « travaillé » toute la nuit, sur le souvenir du livre que j'ai pris soin de lire avant de m'endormir. Je sais que ce dernier contact avec la syntaxe, le rythme, les images et le vocabulaire, sera la première des nourritures apportées à l'alchimie du matin, le moment de l'écriture venu.

Et il est remarquable de constater qu'à tous les niveaux élèves et étudiants aiment qu'on leur lise les textes. Lise s'adonne parfois à des séances de lecture à haute voix du livre au programme. Et ses classes en tirent un grand profit, tout en manifestant leur plaisir par une écoute remarquable.

Pour la lecture comme pour les mathématiques, il y a des prérequis, des connexions qu'on ne soupçonne pas et qui ne se sont pas faites pendant l'enfance. D'après Lise, ce manque empêche la lecture, en favorisant un rapport brisé à la linéarité du texte, ce qui mène tout droit au non-sens. Ma collègue me parlait du problème de la « conservation du nombre ». Il a été observé qu'au-delà du chiffre trois, les très jeunes enfants étaient perdus dans la pratique d'opérations simples. Si, par exemple, on leur demandait d'apporter à table cinq assiettes, ils en comptaient trois, puis, incapables de procéder à l'addition du chiffre manquant, ils apportaient une à une les assiettes nécessaires pour que leur nombre coïncide avec les couverts déjà disposés sur la table. Dans le cas d'élèves illettrés, on observe le même phénomène avec les mots, dès lors que ces derniers entrent dans un système de logique décimale. Le chiffre cinq reste, pour certains élèves, un absolu qui ne sera superposable qu'une seule fois à la première réalité linguistique rencontrée. « Cinq fleurs » est possible, mais il ne peut y avoir de lien logique et donc de lecture ou d'écriture envisageable autour d'une réalité rencontrée plus loin dans le texte et qui serait celle de « cinq verres » ou de « cinq maisons ». Dans la mémoire du lecteur, « cinq » est définitivement attaché à la réalité de « fleurs », comme un prénom à son nom de famille. L'adjectif est désormais soudé au nom et il n'est plus déplaçable.

Lise réfléchit aussi aux problèmes de coordination rencontrés par ses élèves et cela à travers le dessin. Pourquoi, à l'instar des tout petits enfants, certains dessinent-ils des bonshommes dont les bras sont plantés dans la tête et non dans le corps ? Elle me signale également les problèmes que quelques-uns de ses élèves rencontrent en cours d'EPS au niveau de la coordination des mouvements.

Aussi est-ce la capacité à déplacer le sens d'un mot vers un autre mot qui devient impossible. La distribution, qui implique aussi le principe de coordination, n'est pas plus envisageable que le saisissement du sens dans la linéarité du texte et donc dans le temps.

Les blocages terribles dont Lise fait état sont la forme grossie de certaines lacunes constatées chez mes élèves. Ce qui nous oblige à penser, en tant que professeurs, qu'il suffit qu'une étape des apprentissages manque et tout l'édifice s'écroule. Pire encore, il n'y aura pas d'édifice du tout, seulement un petit tas de sable, triste château autour duquel les enfants n'auront plus que leurs yeux pour pleurer. Car « ceux qui entretiennent avec la langue orale et écrite des malentendus douloureux vivent plus difficilement que les autres, ont moins de chances de décider de leur destin social et sont plus vulnérables devant les textes sectaires ou intégristes[1] », écrit le linguiste Alain Bentolila.

Mais il existe des professeurs chevronnés comme Lise qui, à grand renfort de passion et de courage, obtiennent des résultats convaincants. L'exigence paye toujours. La beauté des œuvres confond. Le passage par la création rassure. Ma collègue me disait à quel point ses élèves étaient intrigués par les mots rares et, pour tout dire, une certaine préciosité pouvant tenir la dragée haute à la rugosité de leur rapport à la langue. Une sorte de

1. Propos d'Alain Bentolila, rapportés dans un dossier consacré à l'illettrisme, in *Le Monde de l'éducation*, septembre 2002, p. 32.

revanche, en somme, prise grâce au vocabulaire. Et il devint un jour tout aussi comique que touchant d'entendre dans les couloirs de son établissement à Bondy, bruire, tels des oiseaux de paradis, les mots « vilipender », « panache », « argutie », que les enfants tentaient de réutiliser devant leurs différents professeurs. Une porte était entrouverte.

Publication de *Murmures*

À leur arrivée au lycée, l'écrit des élèves est encore lacunaire, mais leur capacité à composer avec rigueur est manifeste dès lors qu'ils sont soutenus par les mots des autres et que leur entrée en littérature s'effectue de façon vivante et responsable. La publication de *Murmures* est sans doute l'une des plus belles aventures artistiques et pédagogiques qu'il m'ait été donné de vivre auprès d'eux, car elle a mis à jour les liens indiscutables qui existent entre l'humanisme et la culture, l'humanité et le langage.

J'ai enseigné une année dans un lycée général à Drancy. De cette ville au nom sinistre partaient les trains pour les camps de la mort. *Buchenwald* désignait aussi *la forêt aux livres* et, plus précisément, celle où écrivait Goethe, assis sous son arbre, avant de devenir un camp d'extermination. Culture et barbarie, lycée où étudient des enfants et gare de triage se trouvaient placés dans une même proximité temporelle et spatiale. La classe de seconde, dont j'avais la charge cette année, connaissait l'histoire de sa ville. Beaucoup d'élèves vivaient à côté de la gare et entendaient le crissement des trains avant d'aller en classe et quand ils en revenaient. Jamais ils ne songeaient précisément à ce qui s'y était passé, mais ils m'expliquaient ressentir à l'écoute de ces bruits ferroviaires un malaise qui *ne se pensait pas*. Ils passaient à travers ces grincements de jour comme de nuit avant la classe ou au moment de sombrer dans le sommeil et il n'y avait rien d'autre que ce malaise. Un bruit de clef qui ouvre une porte sur la nuit.

J'ai fait part aux élèves du postulat nihiliste d'Adorno, édictant qu'il n'était plus possible d'écrire de la poésie après Auschwitz. Pour la première fois, ces mêmes élèves ont dû se faire les pourfendeurs du vide et les fervents défenseurs du verbe, en s'insurgeant dans la minute contre le désespoir du philosophe allemand. Ils étudiaient à Drancy et ils décidèrent d'y écrire malgré tout des poèmes. Nous avons lu alors quelques pages du livre de George Steiner, *Dans le château de Barbe-Bleue,* essai où le philosophe souligne le paradoxe de la culture qui n'a pas pu empêcher la barbarie et qui y a peut-être même contribué :

> Dans notre barbarie présente est à l'œuvre une théologie défunte, un ensemble de références à la transcendance qui, dans leur mort lente, ont donné lieu à des formes parodiques, des succédanés. La fin de la croyance, le passage de la foi religieuse à la convention creuse se révèle un processus plus dangereux que ne l'avaient prévu les philosophes. Les phénomènes de décomposition sont

> virulents. En quête d'un enfer, nous avons appris à l'édifier et à le faire fonctionner sur la terre. À quelques kilomètres de Weimar ou sur les îles grecques. C'est parce que nous le possédons et l'utilisons contre nous-mêmes que nous vivons dans une après-culture. En installant l'enfer au-dessus du sol, nous avons renoncé à l'ordonnance générale et aux systèmes de la civilisation occidentale [1].

Par ces mots, George Steiner nous oblige à une nouvelle définition de la culture. Nous venons en effet *après*. L'optimisme des Lumières qui s'appuyait sur une croyance en le progrès n'a plus cours. Ainsi tous « les fondements de la culture humaniste sont remis en question. [...] Deux siècles après que Voltaire en eut proclamé la disparition, la torture redevenait un instrument habituel d'action politique. [...] Nous savons fort bien que certains promoteurs et administrateurs d'Auschwitz avaient été formés à l'école de Shakespeare et de Goethe et continuaient à les lire [2] », développe le philosophe dans *Langage et Silence*.

Or, les élèves ne se sont pas tus. Avec l'arrogance ou la naïveté – je ne sais – de leurs quinze ans, ils ont refusé cette nuit. Ils ont lu les classiques, se sont nourris des mots et des images des auteurs pour prendre la plume et

1. George Steiner, *Dans le Château de Barbe-Bleue. Notes pour une redéfinition de la culture* (1971), trad. L. Lotringer, Gallimard, coll. « Folio » 1996, p. 67.
2. George Steiner, « Vers une culture plus humaine », *Langage et Silence* (1967), trad. L. Lotringer, éditions 10/18, 1999, p. 19-20.

trouver leur voix. Une fois les poèmes écrits, ils les ont adressés au maître de Cambridge. Celui-ci a répondu être « profondément touché » par ces poèmes, « car ce n'est pas à l'université mais dans le secondaire que se mènent les luttes décisives contre la barbarie et le vide, et cela à l'ombre atroce du nom de Drancy [1] ».

L'aventure poétique fut donc, dès le premier jour, sous-tendue par un projet philosophique et poétique fort. Cette intention double a porté les élèves dans l'écriture. Ils savaient où ils allaient, pourquoi ils lisaient, pourquoi ils créaient avec un langage si étranger à leur quotidien. Et c'était justement ce langage, versifié, scandé, métaphorique qui devenait le plus adapté à leur propos. Seule cette langue avait le pouvoir de rallumer le jour. La mélodie, la grammaire, les soupirs d'une musique que l'on savait conduire à son but contribuaient à renforcer leur projet de vie et de révolte. Et, cette fois, le langage dont les élèves d'ordinaire se défient tant devint un allié. Il était même impossible de se révolter sans lui.

Ce petit conte moderne signifie deux choses à mes yeux. 1) Les mondes peuvent se rencontrer autour du poème. Le professeur de Cambridge a tendu la main aux élèves de Seine-Saint-Denis et ce par deux fois, puisque l'année suivante il a préfacé leur livre de poèmes, *Murmures*. 2) La poésie a ôté aux crissements des trains leur bruit de cauchemar. Car l'horreur était ce bruit qu'on subissait sans en parler, sans le comprendre. Les rails

1. George Steiner, lettre inédite (décembre 1999).

sinistres sont devenus des portées sur lesquelles les élèves ont dessiné des notes. Celles de leurs poèmes. Peut-être les trains, certaines nuits, arrêtent-ils leur marche pour que le sommeil des enfants soit peuplé de silence ?

C'est sans doute ce silence, expression quintessenciée de la parole pleine et lumineuse, que Steiner nomme dans la préface à *Murmures,* en amenant lentement nos cœurs de lecteurs vers la discrète mais si indispensable présence de Paul Celan :

> Dante en premier est présence tutélaire à travers les aventures, les rendez-vous de l'esprit, dont témoignent nos jeunes. Dante au sujet duquel on jase tant et que l'on lit si peu. Il est parfaitement juste que ce soit le volet liminaire de *La Divine Comédie* qui inspire la classe. La psychologie polyphone, les modulations proustiennes sur temps et mémoire qui agencent le Purgatoire sont une découverte que nos poètes-lecteurs ont encore à faire. Le Virgile, *duce,* guide aimant du pèlerin chez Dante, est l'objet de l'altière méditation de Hermann Broch. Son roman épopée interroge – là de même il y a affleurement à la damnation – le paradoxe cruel suivant lequel l'art, la poésie, même aux sommets de l'invention humaine, n'empêchent pas la barbarie, l'inhumain de nos conflits, la colère idéologique. Et pire encore : une *Énéide* masque, inévitablement, le despotisme, l'esclavage, les écarts sociaux de l'empire dont Virgile est l'orgueil et l'ornement. Présence de Blake, virtuose des ambiguïtés qui préside aux noces du Ciel et de l'Enfer. Passe à maintes reprises l'ombre inquiète de Baudelaire, expert en châtiments et haut maître du sonnet. Ils ont

rencontré Balzac et Valéry. Mais aussi celui qui est peut-être le poète des poètes du siècle de minuit que fut le XXe : Paul Celan [1].

Derrida a dit que les hommes étaient revenus d'Auschwitz mais pas les mots. Les mots sont encore difficiles en raison de cet épisode indicible de l'Histoire et aussi à cause d'autres moments où la langue est malmenée. Ces moments sont plus insidieux, moins identifiables que ceux de la grande nuit, mais presque aussi ravageurs pour ces consciences en formation. Même si leurs mots étaient tremblants, ils tenaient à être là, afin de jauger la part d'humanité nichée entre deux syllabes. Et, à la lecture de *Murmures* que les élèves tenaient dans leurs mains en fin d'année, la certitude que les mots étaient *revenus* pour les hommes devint une évidence.

Oral : du barbarisme à la barbarie

> BARBARISME, n. m. (1265 ; lat. *barbarismus*) : faute grossière de langage, emploi de mots forgés ou déformés, utilisation d'un mot dans un sens qu'il n'a pas. V. impropriété, incorrection, solécisme. – Mot ainsi employé, *solutionner* (pour *résoudre*) *une question,* est un barbarisme.

À l'oral, le barbarisme est fréquent et il ne fleurit pas que dans la bouche des élèves... Il semble même que

1. George Steiner, « Préface », *Murmures*, L'Esprit des péninsules, 2000, p. 10.

l'époque le recherche, afin d'apporter à la langue une sorte de marquage inédit, un timbre singulier, *un accent*. *L'accent* est une réalité objective en linguistique (on parle de l'accent tonique des mots), mais c'est la part de subjectivité qui s'y rattache que j'envisage ici.

La langue de l'ennemi est sentie comme chargée d'accents désagréables. On pense à l'accent allemand, perçu comme insupportable après la Seconde Guerre mondiale et souligné de façon caricaturale dans presque tous les films ou shows télévisés depuis cette date. Pourtant, Mme de Staël et nombre d'auteurs français de la génération romantique devinaient en la langue de Novalis, de Hölderlin et de Schiller le réceptacle linguistique et phonique idéal de la poésie. Au contraire, c'est le français, avec sa syntaxe cartésienne et ses accents plus secs, qui aurait plus volontiers fait le lit du despotisme d'après un Rivarol, qui écrivait en toute subjectivité au siècle de Voltaire : « La syntaxe française est incorruptible [...]. *Ce qui n'est pas clair n'est pas français* ; ce qui n'est pas clair est encore anglais, italien, grec ou latin [1]. » Quant à l'arabe, il a été ressenti comme une langue râpe, aux sonorités gutturales, dont on s'est moqué dès les années 1950 en France pour des raisons historiques évidentes. Il est vrai que ni le colonialisme ni la guerre d'Algérie n'étaient passés par là quand Saadi composait ses poèmes, poèmes que Goethe compara au Chant de la Création.

1. Rivarol, *L'Universalité de la langue française* (1873), Arléa, 1998, p. 73.

La langue, la culture et l'émotion qui en découlent forment une tresse subtile. Les sentiments de beauté ou de répulsion sont donc inhérents à ces trois réalités. J'ai remarqué que les élèves avaient un *accent*. Le fameux *accent du 9-3*, que mon oreille d'Occidentale percevait comme un accent aux consonances « africaines ». J'ai alors demandé à des élèves qui n'appartenaient pas à cette origine ethnique et linguistique, mais qui parlaient pourtant de cette manière, la raison de leur accent. Une élève, française en l'occurrence, m'a expliqué que ce que j'entendais dans cet accent c'était « la langue de la cité ». « Car dans la cité, il y a trois clans, commentait-elle. En haut de la pyramide, il y a les Blacks, ils sont les plus forts. C'est eux qui parlent et qu'on écoute. Au milieu, il y a les Beurs. Ils suivent le mouvement. En bas, il y a les Blancs, ceux qui ne peuvent pas habiter dans le quartier pavillonnaire. Pour eux c'est très dur. Moi, je parle avec cet "accent black", pour ne pas passer pour "une bouffonne de Blanche". Et puis les garçons me respectent quand je parle comme eux, de façon virile, et pas comme une fille. Alors, ils me laissent tranquille. » Beurs et Blancs, par mimétisme, plaquaient donc cet « accent africain » sur leur langage, car il était l'accent des plus forts. Les filles pouvaient également espérer garder un minimum de distance physique avec une gent masculine trop entreprenante, en commençant par mettre de côté leur propre féminité.

D'après cette élève, ceux qui possèdent cet accent bénéficieraient donc d'un véritable pouvoir de séduction. La séduction inspire le respect, or il s'agit ici d'une séduction tribale, car cet accent est celui-là même évoqué plus haut et qui empêcha Miruna d'avoir ses UV de première année à l'université. L'accent est une réalité linguistique charmante, en relation avec la géographie, des échanges anthropologiques et commerciaux séculaires. Les accents font la richesse d'une langue. Mais, dans le cas que je viens de décrire, les choses se sont construites très vite, dans un *ghetto* de type *linguistique,* pour inspirer la peur. Je pourrais comparer cet accent à des peintures de guerre, censées effrayer, mettre à distance. Le langage parlé par mes élèves n'est pas un langage de rassemblement, mais un langage qui conduit au schisme entre les sphères linguistiques.

Les choses deviennent d'autant plus effrayantes quand ceux qui vivent en dehors de la cité réutilisent cette langue pour en faire la panacée d'émissions à la mode, de slogans publicitaires, de morceaux de musique. Tout se passe comme si c'était *bien* de parler en faisant des fautes ou de s'exprimer de façon relâchée. Ainsi affiche-t-on une (fausse) proximité avec les jeunes et montre-t-on que l'on est bien de son temps... Mais pourquoi le temps de la jeunesse serait-il un temps sans mots et sans beauté ? En vertu de quel édit une telle injustice pourrait-elle avoir cours ?

Le langage publicitaire est très largement inspiré des modes d'expressions jeunistes et le SMS est sans doute la traduction *écrite* d'un état de langue *oral*. La linguistique a toujours rigoureusement séparé les choses. On sait que l'*oral* de Céline ou de Joyce demeure le plus haut degré de l'*écrit* qui, par le génie de la *mimesis*, reproduit l'oralité. Il n'y a pas plus *écrite* que l'œuvre de ces deux auteurs. La linguistique a appelé cet état de l'écrit : *l'orature*. Ce *langage parlé* à *l'écrit* n'est pas de *l'oral*. L'oral capté dans la rue, au comptoir d'un café, ne pourrait pas être réinvesti comme tel à l'écrit, dans un roman par exemple. L'oral ne fait pas résonner le signe poétique, il peine aussi à se faire entendre quand sa syntaxe et son vocabulaire deviennent trop sophistiqués.

La vie d'un lycéen dépasse le cadre de l'école. Et il est normal qu'il rencontre à l'extérieur de ce lieu particulier, où la langue du dedans ne sera pas la même que la langue du dehors, d'autres réalités linguistiques. Les professeurs, les écrivains, tout maîtres et artistes qu'ils soient, vivent la même chose. Mais ce que l'on demande aux élèves, c'est d'être capables d'opter pour telle ou telle langue en fonction du contexte où ils se trouvent. Et les situations dramatiques qu'ils connaissent sont souvent le résultat d'une confusion des contextes. À cet égard, la pédagogie pourrait parfois faire son autocritique. On sait que les situations de communication orale sont très nombreuses. Mais ce n'est pas en raison de cette pluralité de statuts qu'il faut mélanger pédagogie du conte, du théâtre et du discours. Ces diverses situations du parlé sont littéraires. Leur étude engage les élèves dans les mêmes voies que celles réservées à l'apprentissage de l'écrit. En vertu de cela, se rendre au théâtre pour voir et entendre une pièce de Molière ou de Beckett, sans en avoir étudié le texte et ses enjeux au préalable, reste une entreprise très risquée et presque toujours soumise à l'échec. En revanche, l'élève qui aura intégré de mémoire certaines répliques, qui pourra anticiper l'entrée ou la sortie en scène d'un personnage, tout en ayant le sentiment que c'est sa propre conscience tendue vers la rampe qui appelle l'action, vivra la merveilleuse illusion de comédie – celle que souhaitait Corneille – d'évoluer aux côtés du chef-d'œuvre, d'être invité par lui. Il me semble vital que la frontière entre écrit et oral soit nette, car elle est la ligne de démarcation entre l'effort qu'il faudra toujours fournir et l'illusion de la liberté que donne l'indigence.

Or, avec le SMS, il apparaît que nous parvenions à ce mixte linguistique entre deux états de langue, pensé jusque-là comme impossible. Les individus qui usent de ce moyen de communication se comprennent cependant et le SMS honore une multitude de valeurs célébrées par la modernité : la vitesse, l'image (car la syllabe devient icône) et l'érotisme contenu dans l'anglo-américain. L'emploi de la phonétique à outrance dans la façon d'orthographier les mots confirme la tendance de l'oral à imposer la porosité de ses contours au moule de l'écrit. La charge érotique contenue dans l'anglo-américain est la conséquence du pouvoir de fascination que cette langue exerce sur les consciences dans nos sociétés. Cette langue est celle de la *puissance*. Elle est celle des médias, de l'économie, de la bourse, des sciences, des ordinateurs et du cinéma le plus plébiscité. Si le français était la langue érotique à l'époque classique, le vecteur linguistique de tous les fantasmes, il fait pâle figure aujourd'hui à côté de l'anglais. Cette langue, par son rythme, sa fluidité et surtout son caractère synthétique, alors que le français est une langue plus « bavarde », plus volontiers analytique, séduit d'emblée. Tout ou presque peut se dire en anglais, même s'il reste indéniable que les paroles de la pop anglaise la plus respectable sont ridicules une fois soumises à la traduction. Enfin, il n'y a pas d'Académie pour la langue de Shakespeare et la liberté a toujours été la garantie d'un certain charisme.

Que les élèves et les adultes usent et abusent de SMS n'est pas un problème en soi et je ne peux pas jurer que je ne le ferai pas un jour par manque de temps ou pour m'amuser. Il est d'ailleurs probable que de tout temps les enfants aient inventé l'équivalent de nos SMS. Mais ce qui me préoccupe en tant que professeur est de constater que mes lycéens écrivent des SMS dans leurs copies sans s'en rendre compte. Ils se sont habitués à la vitesse de rédaction qu'induit ce type de pratique, pratique qui n'appelle pas une relecture, laquelle engagerait un temps consacré à l'étude beaucoup trop long.

Bien qu'amputée de ses syllabes et de son sens, la langue qui passe à la moulinette de notre modernité gangrène malgré tout. Est-ce qu'on peut aller jusqu'à penser que le barbarisme conduit à la barbarie ? J'ai la conviction qu'une langue malmenée, un corps linguistique déformé, est déjà une violence que l'on fait subir à soi et à l'autre. Je souffrais, au sens *physique* du terme, quand j'entendais les enfants de *L'Esquive* parler. Peut-être ai-je l'oreille trop sensible en raison de deux déformations professionnelles (les métiers d'écrivain et de professeur), mais, sincèrement, je ne le crois pas. Les enfants qui hurlent au lieu de parler souffrent. Ils me le disent. Mais ils ne peuvent pas faire autrement. « C'est comme ça. » « Y'a pas d'autres moyens pour se faire entendre. » Et l'on sait parfaitement qu'en désespoir de cause, quand le malentendu s'installe et que l'on n'a pas les mots, on tape...

Des philosophes mélomanes comme Rousseau ont démontré, dans des pages un peu désuètes mais qui résonnent étrangement face à la réalité que je tente de décrire, que la perte de l'harmonie, l'abandon du chant qui irradiaient les langues expliquent leur décadence. D'après le philosophe, la parole a traversé plusieurs étapes, perdant à chacune d'elles un peu de sa part de musique, avant de ne plus ressembler à rien. Ayant connu des périodes de trop grand raffinement, elle s'est épuisée à force de sophistication, avant d'appeler à elle les chants barbares. Ce fut alors la cacophonie, pensa l'auteur de *L'Émile*. On songe à cette langue « d'une verdeur étrange[1] » propre aux poètes de l'Empire comme Pétrone ou Lucain, qu'évoque Huysmans dans *À rebours* et qui, n'en pouvant plus, attendaient les invasions barbares. Plus près de nous, on sait la fascination qu'exerça d'Annunzio sur Mussolini... Si, historiquement, la déca-

1. Huysmans, *À rebours* (1884), Gallimard, coll. « Folio », éd. Marc Fumaroli, 1992, p. 113.

dence des civilisations a toujours annoncé les invasions barbares, nous avancerons, dans le cadre de cet essai sur le langage, que le schisme perceptible entre ceux qui ont les mots et ceux qui en sont dépourvus conduit souvent à la violence et appelle l'affrontement. Celui qui ne maîtrise pas le langage, complexé et vindicatif face à une société qui ne lui a pas donné toutes ses chances, va tenter, bon gré mal gré, de se forger une identité respectable à travers l'utilisation d'un contre-langage. L'individu qui agit ainsi brandira la violence, le non-sens et le galimatias tel un étendard. La *guerre des mondes* aujourd'hui est sans doute une *guerre des mots*.

J'évoquais au début de ce livre le bipartisme de la Cité : à l'intérieur la civilisation ; à l'extérieur la barbarie. Me voilà maintenant affirmant qu'il y a une langue parlée ou une *orature* réservées à l'élite et une langue du grognement et de la vindicte pour les autres que singent quelques privilégiés voulant s'encanailler. La crise économique, politique et sociale que nous vivons est palpable dans cette fracture. Le scandale est d'autant plus criant que la langue comme la beauté sont à tout le monde et que les rêves sont sans prix. J'ai le sentiment que le clivage entre les individus finira par ne plus être qu'économique. Il se définira par rapport à ceux qui ont les mots et ceux qui ne les ont pas, ceux qui maîtrisent le langage et ceux qui ne le possèdent pas ou pas assez bien.

La mission de l'École de la République est de rêver à une culture élitiste et humaniste pour tous et de rendre ce rêve accessible. Elle a en partie échoué. Mais elle se bat. Elle demeure le point de contact brûlant entre ces deux mondes. Élèves et professeurs y marchent comme sur le fil d'un rasoir. À travers trois aventures théâtrales, mes lycéens, comme le font chaque année ceux de quantités d'autres professeurs, ont assumé en public une parole correcte, littéraire, souvent poétique, sans se trahir, afin de rendre hommage à ceux qui étaient venus les écouter.

Tohu-Bohu : confier sa parole aux acteurs

William Mesguich a mis en scène *Tohu-Bohu*[1], une tragédie en deux tableaux, écrite par deux classes de seconde, l'hiver 2003 à Paris. Politiquement, l'acte était fort car la pièce était signée par une grande majorité d'élèves d'origine maghrébine et elle était jouée par la Compagnie du théâtre de l'Étreinte[2], à l'espace Rachi, Centre culturel juif situé rue Broca, à deux pas du Quartier latin.

Le parti pris du metteur en scène fut d'exacerber la violence contenue dans ce texte. Livre baroque, gonflé de références littéraires, historiques et philosophiques. Nous avions, en effet, publié un texte de tâcherons. La pièce, dans son écriture, ne comportait donc pas les repères habituels de la dramaturgie classique que l'auteur prévoit toujours pour le jeu. J'avais laissé au texte ses creux et ses boursouflures, car l'aventure intellectuelle

1. *Tohu-Bohu*, préface de Daniel Mesguich, L'Esprit des péninsules, 2001.

2. Dirigée par Philippe Fenwick et William Mesguich.

et poétique se devait d'être honnête. Ces dissonances participent aussi de l'étrange beauté de *Tohu-Bohu*, que William Mesguich a su saisir et révéler.

Les élèves ont donc confié leurs mots aux acteurs. Or, le soir de la première, ils n'ont pas reconnu leur texte qui pourtant était dit à la virgule près. L'expérience fut d'une grande violence, souvent jubilatoire, parfois désagréable. Ils ne se doutaient pas que leurs paroles puissent contenir tant de noirceur. Les personnages étaient encore plus odieux qu'ils ne les avaient rêvés et la machine tragique bien trop étouffante. Ils l'auraient souhaitée plus charitable ! Je me souviens de parents décontenancés, suant à grosses gouttes, venus me voir après le spectacle, me disant que c'était très beau, qu'ils n'avaient pas tout compris, que leur enfant était doué, à un point qu'ils ne soupçonnaient pas eux-mêmes, mais que tout ça restait bien étrange à leurs yeux. Or, à côté des parents ahuris et suants, harnachés d'une ribambelle de petits frères, les aînés souriaient toujours, fiers comme des papes !

La scène avait manifestement joué le rôle d'un miroir, révélant aux élèves leurs peurs, leurs violences, leurs beautés. Ils s'y sont vus, entendus, constatés, mais par le truchement d'autres corps et d'autres voix. Ils se sont redécouverts à travers le prisme d'une autre époque et d'un décor différent de celui de leur quotidien. C'est en rencontrant l'altérité la plus radicale qu'ils sont revenus à eux.

Pour les acteurs, si l'aventure n'a pas été une sinécure, elle fut incontestablement riche. À tenter chaque soir pendant deux heures trente de dompter un texte fauve qui jamais ne s'embarrassait des conventions de la dramaturgie classique, le jeu devenait exténuant. Il fallait ruser avec ce langage à l'orthodoxie douteuse, à la poétique trouble. Les acteurs se devaient de ménager la partition en vue d'une communion avec le public. La compagnie du théâtre de l'Étreinte a défendu *Tohu-Bohu* durant un mois comme elle l'aurait fait pour un Molière, un Shakespeare (ce sont les mots des artistes) à ceci près que la pièce, aussi merveilleuse qu'ait été l'aventure artistique, n'est qu'un texte d'enfants plein de promesses.

Les arguments de la pièce renvoyaient à ceux du monde contemporain, transposés dans la Prague de la fin du XIXe siècle. Les haines communautaires étaient traduites par les émeutes entre juifs tchèques et aristocrates allemands. L'antisémitisme, malheureusement présent dans nos écoles, fut incarné par un précepteur pangermaniste ignoble. La problématique du clonage était illustrée par le couple trouble de jumeaux fratricides...

Mais surtout le grand mythe innervant de *Tohu-Bohu* reste Babel. La pièce des élèves est une tragédie où les personnages ne s'entendent pas. Au centre de l'intrigue, erre la figure d'Apolline : un mime. Ce personnage muet est progressivement devenu le réceptacle de toutes les peurs des élèves à l'égard du langage. Apolline meurt de ne pas pouvoir parler. D'autres protagonistes, de comédie cette fois-ci, sont les représentants d'une parole grotesque et vide qui s'écoute parler, mais que l'on ne saisit pas. L'un de ces clowns linguistiques veut bâtir une grande bibliothèque comme l'eût rêvée Borges. L'entreprise échoue cependant. La parole et son efficience ne semblent plus appartenir qu'au Précepteur, calque du Maître de *La Leçon* de Ionesco, qui instrumentalise le langage à des fins de domination et de mort.

Pendant cette année consacrée à l'écriture, les élèves ont regardé Méduse en face. Ils ont peint tous les visages de la parole. Masque comique, masque tragique, masque blanc de Pierrot muet... Mais surtout ils ont accepté de confier leurs mots aux autres et ils ont pris le risque de se découvrir autres à leur tour. Ils sont revenus de ce dépaysement plus riches encore d'eux-mêmes, de leurs convictions, de leur personnalité, et certainement très fiers.

Le théâtre comme mise à l'épreuve de l'identité sexuelle

Parler *bien*, utiliser un vocabulaire varié, une syntaxe normée, revient à manquer de virilité. « Il parle comme une tapette, madame », ai-je entendu maintes et maintes fois quand un élève, ayant préparé un exposé, s'exprimait correctement. Le manque de virilité est aussi l'apanage ridicule de l'acteur : « Faire du théâtre ? Ça fait pédé ! », scandent-ils presque tous.

Alors, une année, j'ai fini par les prendre au mot. Je leur ai demandé de lire le roman de Balzac, *Sarrasine*, puis d'adapter cette prose pour le théâtre. L'histoire de *Sarrasine* était faite pour les indisposer : un sculpteur en mal d'inspiration, Sarrasine, tombe amoureux de la cantatrice Zambinella. Il la sculpte, retrouve son génie, jusqu'au jour où il découvre que cette femme est un castrat. Il doit alors détruire son œuvre avant de disparaître lui aussi. Il s'agissait donc de mettre en scène des amours homosexuelles. Un garçon allait devoir s'habiller en fille, et puisqu'au théâtre le maquillage est indispensable, chacun aurait droit au supplice du travestissement. Cette année-là, les élèves étaient à nouveau les auteurs d'un texte et, en plus, ils allaient en être les acteurs. William Mesguich les dirigeait sur une scène de l'Est parisien.

Yann jouait le rôle de Zambinella. Il était un peu gauche sous son rouge et ses jupons à la mode Louis XV. Au début, il fit rire tout le monde (même moi !) avec ses grosses baskets noires qui s'échappaient des plis en taffetas de sa robe. Mais quand il se mit à dire un texte ciselé, quand il nous livra un geste impeccable qu'il avait répété vingt fois sous la férule de Mesguich qui est tout sauf un metteur en scène complaisant, il se passa quelque chose d'inouï et nous n'avions plus envie de rire. Le jour de la représentation, lorsque leurs camarades sont venus au théâtre et qu'ils ont entendu ce texte, vu les corps travestis des garçons et des filles, sans que les couleurs ni les matières entretiennent un lien quelconque avec la mémoire immédiate qu'ils avaient de leur quotidien, ils furent stupéfaits. Stupéfaits parce qu'ils devinaient, derrière tout cet apparat, l'immense travail des uns et des autres : travail d'écriture, de mise en scène, de mise en voix. Mais le plus touchant restait le courage des petits acteurs. Non seulement ils assumaient un langage, une posture, un habit jugés comme déviants par le diktat du caïdat, mais, par ailleurs, l'histoire qu'ils racontaient avait la prétention sourde de faire table rase des codes de la cité.

Je me souviens avoir conduit cette année-là ma classe au théâtre pour assister à une représentation des *Quatre Sœurs* de Copi. Que les protagonistes se droguent, se descendent au 22 long rifle, trafiquent des millions de dollars, blanchissent de l'argent ne les gênait en rien. Mais qu'une fille embrasse une autre fille sur la bouche, la chose restait absolument obscène.

L'intrigue de *Sarrasine* et les partis pris de mise en scène de William Mesguich, qui avait décuplé les ambiguïtés du texte en utilisant une bande musicale où stridait la voix d'un castrat, restaient donc une véritable gageure. Les lycéens étaient tétanisés. À deux minutes d'entrer en scène, j'assistais désemparée à des crises de larmes dans les impatiences. Or, les camarades invités ne se sont pas moqués d'eux, bien au contraire. Certes, il y eut quelques rires. De francs éclats de rire, mais aussi des rires plus redoutables. Les spectateurs riaient parce que la situation jouée appelait effectivement le comique et que Yann tout comme le quiproquo généré par le travesti étaient source de comédie. Cependant, on perçut aussi un rire de malaise, destiné à mettre à distance une action et un engagement qui dépassaient l'entendement et les codes du spectateur. Ce fut le rire le plus difficile à oublier sur la scène. Il fallut continuer à jouer. Se dépasser. Être fier. Assumer. La chaleur des applaudissements et la fête qui suivit le tomber de rideau finirent de persuader les élèves qu'ils avaient joué juste.

Affirmer son identité sous le voile

Si l'épreuve de la scène et le travestissement malmènent l'identité sexuelle des adolescents pour ensuite la révéler, le voile, qui cache le corps des jeunes filles, cherche paradoxalement à imposer leur identité de femme.

À l'époque de la polémique sur le port du voile à l'école, mon proviseur m'avait demandé de parler à une lycéenne qui ne se décidait pas à retirer le sien. Nous étions à la fin de l'hiver. Je venais de passer Noël en Iran, pays des origines jusque-là inconnu, où j'avais dû porter le fameux *hijab*. Je revenais donc de ce voyage, où j'avais eu la chance de dialoguer avec des étudiants de Téhéran, enrichie de quelques idées précises sur la question, tout en étant convaincue d'être totalement dépassée par toutes les autres.

J'attends Leïla au bureau des CPE. Elle arrive, jolie comme un cœur sous son foulard qui met remarquablement en valeur son maquillage, ses mèches couleur jais et ses boucles d'oreilles créoles en argent. Elle s'assied à mes côtés. Elle prend immédiatement la parole : « Je sais qu'on va pouvoir s'entendre, parce que vous avez du sang musulman dans les veines. » Je lui demande ce qui la conduit à supposer que j'ai du « sang musulman dans les veines » ? Elle me répond que cela se voit à mon nom et à mon physique et elle ajoute : « C'est le sang musulman qui est le plus fort. » Leïla, qui sait pourquoi nous nous rencontrons, amène d'emblée la discussion sur le terrain du sacré. Je lui réponds que cela ne me dérange pas de parler de religion avec elle. Mais il faut qu'elle sache qu'elle s'est trompée : je suis de confession catholique. « Mais pourtant votre nom, et votre visage ? », bredouille-t-elle un peu perdue. « Il y a ces indices de surface, mais sur le fond ils sont totalement faux », lui ai-je répondu. Leïla ne parle plus. Elle a aussitôt le sentiment d'être tombée dans un traquenard. Le silence est lourd. Je lui précise alors que je suis d'origine iranienne et que j'étais en Iran à Noël. La jeune fille se ranime : « Vous voyez, je savais que vous aviez du sang musulman dans les veines ! Sinon vous ne voudriez pas me parler. » Je lui demande alors pourquoi elle croit que je veux bien lui parler. « À cause du voile que je porte, n'est-ce pas ? » « Oui, à cause de ce voile que vous portez. » Je la regarde attentivement et j'ajoute : « Vous savez, Leïla, en Iran les femmes sont obligées de le porter. Sinon elles risquent la mort. Est-ce votre cas ? » Leïla rit : « Non, pas du tout. C'est moi qui ai voulu le porter. » « Pourquoi ? » « Pour ma religion. » « Mais vous savez, Leïla, que nous sommes dans un établissement laïc et que le port du voile y est interdit. » « Je sais, on me le répète depuis des semaines… » « Leïla, je peux très bien comprendre votre foi. Je la respecte. Je suis croyante moi aussi. Mais je suis professeur à l'École de la République et ce n'est pas possible de laisser les élèves afficher un signe religieux comme vous le faites… »

Je suis très mal à l'aise, car je m'entends réciter ma leçon de bon petit fonctionnaire et je sais parfaitement que ce n'est pas exactement ce qu'il faut faire. Leïla rayonne, elle voit que je ne m'en sors pas. Elle n'a plus besoin de parler. Elle me regarde sous son voile, cela suffit. Je me saisis alors de l'écharpe noire que j'ai avec moi. Je m'en fais un fichu à la mode iranienne : « Voilà à quoi j'ai ressemblé pendant quinze jours cet hiver. Avec ce *hijab* tout change en vous : vous baissez les yeux, vous marchez plus doucement, vous parlez moins vite, vous faites des gestes plus lents. Je n'étais plus la même. Et, croyez-moi, on ne voyait ni mes cheveux ni un bijou dépasser de ce morceau de tissu ! Or vous, Leïla, avec votre voile vous êtes belle. Pouvez-vous m'expliquer ? » « Je suis belle, madame, parce que je suis différente. »

Ça y est ! L'essentiel est peut-être formulé. On ne parle plus que de Leïla depuis des jours au lycée. Elle est devenue la vedette de l'établissement. Au lieu d'effacer sa personnalité, le voile a contribué à l'exacerber. Le paradoxe est criant : alors qu'en Iran on meurt dans l'indifférence si on ôte son *hijab*, ici on devient une célébrité du petit écran si on en porte un. Les risques encourus ne sont évidemment pas les mêmes. Crise d'adolescence ? Trouver un moyen de se démarquer, de sortir du lot ? Il y a un peu de tout cela dans l'attitude de Leïla qui me fait penser à nombre de ces jeunes femmes que je croise dans un célèbre magasin des Halles, venues s'acheter des blouses fleuries assorties à leur foulard et à leurs baskets de marques américaines...

Poudre aux yeux ? Provocation ? Les choses ne sont certainement pas si simples. La discussion s'était engagée sur le terrain sérieux de la religion. Que cache ce voile comme discours illicite ? « Mais il y a autre chose, concède Leïla, en fait, j'aimerais bien qu'on parle de religion en classe, or je crois que c'est interdit. » Je réponds alors à Leïla que cela n'est pas interdit et qu'au contraire l'enseignement du fait religieux, en dehors de tout prosélytisme, est un enseignement obligatoire. J'ajoute que le programme de lettres dans le secondaire réserve un espace important à l'étude des textes sacrés au même titre que des textes mythologiques. J'explique à Leïla que les trois grandes religions monothéistes se rejoignent en beaucoup de points à travers les textes fondateurs et qu'il est très intéressant d'en faire une étude comparée.

La jeune fille est étonnée d'apprendre que cela est admis. La nouvelle semble la réjouir. Derrière la coquetterie de son geste, il se cache quelque chose d'authentique qui ressemble à un appel. Une demande à aller dans le sens d'une étude des cultures et des civilisations, organisée autour d'un socle de valeurs et de traditions. Le rigorisme des jeunes femmes qui se voilent dans nos démocraties (en oubliant ce que ce morceau de tissu signifie comme assujettissement de la femme en Orient !) n'est audible qu'à cette condition. Pour avoir parlé depuis dans d'autres lycées avec d'autres élèves voilées, j'ai l'intuition que le voile est une sorte de code, de langage ayant le pouvoir de tenir les garçons à distance comme le fait le viril accent du 9-3, aux dires de l'élève que j'ai citée plus haut. Ce voile distingue aussi, par la pudeur, les adolescentes qui le portent de celles qui choisissent d'exhiber bretelles de soutiens-gorge, strings et nombrils piercés, m'a-t-on expliqué.

Ce sont ces messages précis qui m'ont touchée. 1) Bénéficier d'une instruction qui, en convoquant l'étude du fait religieux, permet l'accès à une culture universelle et humaniste. 2) Parvenir par cette démarche et le langage qu'il induit au respect de la personne humaine.

J'avais proposé à Leïla de l'aider à rédiger une lettre où elle expliquerait aux professeurs pourquoi elle portait le voile, avant de se résoudre à l'enlever. Nous nous sommes retrouvées lors de plusieurs séances dans une classe désertée, au calme. J'étais assise à côté d'elle, au même bureau, devant la même feuille et le même stylo. J'ai envie de dire qu'étant donné notre proximité dans l'espace et la pensée, l'échange fut assez *physique*. La maïeutique prit l'allure d'un dialogue. Je lui posais des questions au sujet de ses choix et de ses convictions, puis elle y répondait. Nous construisions ensemble une argumentation. Quand il s'est agi pour Leïla de mettre par écrit ses idées, ma voix s'est effacée. Il ne resta que la sienne sur le papier : le « je » dévoilé de Leïla. Elle a mis en mots ses valeurs, ses convictions. On ne s'est plus parlé ensuite. J'ai appris qu'elle avait décidé d'enlever son voile. Quant à la lettre, elle l'a gardée pour elle. Elle ne l'a jamais fait lire aux enseignants. Elle a pu enlever son voile parce que je crois qu'elle savait qui elle était profondément. Elle se l'était formulé et elle n'avait plus besoin d'un morceau de tissu pour parler à sa place.

Le Bavard : être ivre de mots

Le roman de Louis-René des Forêts, *Le Bavard*, est un roman de deux cent cinquante pages où il ne se passe rien. Un personnage, le Bavard, parle, parle et le livre se referme sur son silence... Ce chef-d'œuvre tient par la fulgurance de son style, par la poésie de ses phrases, de ses rythmes, de ses images, et surtout grâce aux méandres du monologue intérieur qui apparente cette partition de mots à un chant.

J'ai demandé aux lycéens de se jeter dans le bain du poème, de s'enivrer de mots comme on s'enivre de vin, et de transposer cette parole pour le théâtre. L'ambition était double : il fallait inventer une dramaturgie, c'est-à-dire une action en pulvérisant le monolithe du texte pour qu'en ressortent des personnages et des situations. Et surtout, il était question d'apprivoiser un texte qui faisait peur, un texte truffé de mots savants auxquels on ne comprenait pas grand-chose. J'ai dit aux élèves qu'il n'était pas grave de ne pas tout comprendre. Ce qu'il fallait tenter de faire, c'était de distinguer au-delà des mots ce que nous voulions dire grâce à leur *musique*.

Tenter quelque chose... car j'ai le sentiment que ce qui écrase un peu, ce qui dépasse, enseigne. Et c'est de ce *vibrato*, perçu au moment d'une première lecture un peu effrayée, dont on se souviendra encore très longtemps après avoir refermé un livre...

Alors les élèves ont réécrit ce texte plusieurs fois. Ils ont collé leurs brouillons entre eux, bout à bout. Ils ont obtenu un étrange rouleau de signes, qui, le jour de la première, tapissa le hall d'entrée du théâtre. Sur scène, les acteurs en herbe, toujours dirigés par William Mesguich, ont dévidé cette parole. Une parole qui était la leur et à la fois pas tout à fait, car ils avaient choisi de conserver les aspérités du texte de Des Forêts. Ils avaient accepté les cas de conscience baroques de ce Bavard, en les transformant en dialogues bizarres à leur tour – *le beau est toujours bizarre,* écrit Baudelaire ! En somme, les lycéens avaient intégré à leur ontologie la scandaleuse curiosité d'un corps et d'une parole étrangers. Ils mirent ainsi en voix et devant leur public un texte, des phrases, des rythmes, des mots, des syncopes, des silences. Les voix étaient musique et le texte partition. L'histoire importait peu... Les enfants étaient ivres de mots et l'ivresse les portait. Plus que cela ne fut le cas pour les deux autres pièces, ils assumaient un langage totalement gratuit, simplement beau, chatoyant, complexe, sans que ce canevas de syllabes vienne obligatoirement sous-tendre une action humaine, une idée philosophique, ou encore un principe moral. L'art n'avait d'autre but que lui-même et nous passions en ce début d'été un très beau moment dans la pénombre du petit théâtre de banlieue parisienne qui nous accueillait.

Or, cette année, la plus grande difficulté rencontrée par

les élèves ne fut pas la création, mais le regard des autres élèves. La classe était très difficile et, le matin même de la première, lors de la répétition générale, quatre ou cinq démissionnaires, qui avaient tenté depuis le début de l'année de saboter le projet, essayaient de décourager leurs camarades sur scène en se moquant d'eux. Je les ai tous laissés rentrer chez eux à midi pour le déjeuner. Les acteurs devaient revenir à quatorze heures pour le spectacle. Je savais que, sous la pression des caïds, quelques élèves étaient susceptibles de manquer à l'appel, manque qui suffisait à ruiner le spectacle. Or, ils furent tous là. Le spectacle eut lieu, mais quatre ou cinq sièges restèrent vides. Les sièges des élèves qui avaient manifestement échoué dans leur tentative de découragement et d'humiliation.

Blogs, chats et chanson française

Le phénomène est récent : des adolescents s'insultent de site en site avant de se retrouver pour un corps à corps musclé en bas des tours. Mais au commencement fut bien le *verbe*... Dans un genre nouveau et toutes proportions gardées, ces joutes verbales me font penser aux *disputes* entre étudiants qu'inaugura la Sorbonne à l'époque scolastique. On sait que la tradition fut ensuite perpétuée par l'École de la République à travers les fameux cours de rhétorique. Seulement, dans le cas des blogs, la rhétorique est remplacée par le *langage des cités*. Ces deux situations historiques utilisent le langage comme une arme et, en cela, le phénomène récent des blogs est impressionnant car ces derniers me semblent être les seuls espaces communément admis par les adolescents, lesquels reconnaissent alors aux mots une réelle vertu *(vir)* au sens de *force*.

Je ne fais pas l'apologie de ces sites. Cependant, je constate que si les mots souffrent d'un réel discrédit dans l'esprit des jeunes, et cela au regard d'une problématique de la force plusieurs fois évoquée, ce support numérique et interactif recueille curieusement leurs faveurs. Ils ont donc l'intuition que le langage et la maîtrise que l'on en a recouvrent une importance. Or, l'atrophie linguistique est telle chez les adolescents qu'ils ont besoin de béquilles. Si le blog est une forme de l'oralité, il appelle l'écrit pour s'énoncer. Le clavier se révèle être un écran de protection (dont ne disposaient pas les apprentis rhéteurs médiévaux) placé entre les adversaires. La parole peut défaillir, le mot être mal choisi, le dispositif informatique permet à celui qui il y a encore un siècle aurait perdu la partie de brandir un joker. Plus sidérant encore, le manque d'acuité, l'absence criante de culture peuvent devenir des atouts, puisque ce mode d'expression porte la faute d'orthographe ou de syntaxe aux nuées. Par ailleurs, l'expression de soi, qui s'effectue par le truchement de l'informatique, participe du gadget indispensable à celui qui manque de confiance en lui. La panoplie du super-héros est un apparat de cristaux liquides et de jargon anglo-américain à l'érotisme criant, qui rappellera la dernière superproduction hollywoodienne vue sur le câble. Fi des accents, de la ponctuation, de l'orthographe : seule compte la vitesse. On écrit comme on tape (sur un clavier pour le moment), on rédige comme on pense (trop vite), et ces jets, ces érections de mots sont censés impressionner l'adversaire.

Les sites où l'on chatte dévident des kilomètres de phrases sans syntaxe, sans orthographe, sans ponctuation, des dialogues où le vocabulaire est une bouillie de franglais, des scories où le signe informatique tend à dévorer la lettre. Je suis allée sur l'un de ces sites. J'avais pour pseudo « Éleuthere ». Les chatteurs se sont moqués de ce nom « trop grec ». Puis ils n'ont plus guère prêté d'intérêt à ma présence. Voici leur prose :

<eleuthere> bonjour
<miss_you> tu parle dun psedo
<la_rOckeuse_Mimine> miss_you> :x
<miss_you> la_rOckeuse_Mimine salu
<lucy> !halfop
<eleuthere> qui se moque de mon pseudo, eleuthere ça veut dire liberté pour les incultes
<la_rOckeuse_Mimine> sa va ? ma puce miss_you
<Mimi-33> miss_you> coucou je sui la sœur de malvina
<eleuthere> malvina la sorcière
<miss_you> la_rOckeuse_Mimine ava et twa
<seb6-9> Jenyy> Coralie> sava bien ? ?
<Coralie> seb6-9> fatiguée :)
<Jenyy> seb6-9> wé é toi
<miss_you> Mimi-33 salu
<Ecko> A l'heure ou je te parle chui peut être a Miami acompagné d'un 90 D a bord dma ferrari

<pticu> y'a pas de coquines ici ? ? ?
<marichou> o.0
<Jenyy> pticu> nan
<Jenyy> seb6-9> cool
<miss_you> lucy si t keukine twa :p
<lucy> trop pas
<miss_you> sisi
<miss_you> tu pe lavoué tu c :p
<<Absinthe> Bonsoir
<eleuthere> ah absinthe enfin un nom raffiné !
<Luffy> jsuis totale émuuuue
<Luffy> :)
<la_rOckeuse_Mimine> miss_you comment je kiff
<Luffy> Salut Absinthe
<Luffy> :)
<FataleGirl> 06 ...... my phone number :D
<Luffy> et jai pensé a toi
* Luffy a expulsé FataleGirl de #dizaine (Comportement peu correct (sexe et/ou foot et/ou insulte et/ou pub (msn cam etc)).)
<Luffy> jai bu un rhum Absinthe
<Luffy> :)
<Absinthe> Oo
<Luffy> c'est super fort >_<
<seb6-9> FataleGirl> tu fone ton num a tt le mnde comesa toi
<Luffy> du rhum et de l'absinthe
<Luffy> le mélange quoi
<Clinkz> tu m'en laisse Luffy
<Clinkz> ?
<Luffy> non

Le rétrécissement linguistique, dont nous avons eu la coquetterie littéraire de prendre le talisman balzacien pour emblème, se traduit dans cet échange par l'abandon des désinences verbales (tu parle, je sui, salu) ; le gommage des diphtongues (psedo) ; l'agglutination des syllabes entre elles au moyen de l'intrusion d'un « w » mimétique de l'anglo-américain qui fascine, « wé » pour « ouai », « twa » pour « toi ». « Tu fone ton num » pour « tu communiques ton numéro de portable » rend compte de ce mixte linguistique entre le français et l'anglais.

Une simple lettre, « t », représentera le groupe pronom personnel élidé + auxiliaire être de la deuxième personne, « t'es ». Un « chui » sera la transcription phonétique de « je suis ». Un « nan » celle de l'adverbe « non », qui, comme pour le « chui » précédemment cité, endosse le timbre de l'oralité, à l'instar de la contraction préposition « de » + adjectif possessif « ma » donnant « dma ».

Les prépositions « et », « à » deviennent « é », « a ». D'une façon générale, comme pour l'anglais, les accents disparaissent. Aussi « où », pronom relatif, devient-il « ou », conjonction de coordination.

Ces sites, dédiés à la vitesse, autorisent également l'insertion de signes non alphabétiques dans ce qui parvenait malgré tout à ressembler encore à du langage. Par exemple, le « :) » dessine un sourire, une sorte de « wi » qui pourrait être l'antonyme du « nan » précité.

On ne distingue pas entre le « ça » et le « sa », les dédoublements de consonnes sont oubliés, « acompagné », et tout se passe comme si on était revenu à une graphie enfantine, qui ne s'embarrasse pas encore des fioritures orthographiques que l'on apprend, il est vrai, seulement à la fin de l'année de... CE1.

Ces sites, très fréquentés par les adolescents, sont en train de devenir l'un des lieux privilégiés de leur expression. De quoi donner raison à la chanteuse Diam's qui chante les frasques de cette génération SMS et la venue de nouvelles mythologies dans son titre *Ma France à moi* :

> Ma France à moi elle parle en SMS, travaille par MSN,
> Se réconcilie en mail et se rencontre en MMS,
> Elle se déplace en skate, en scoot ou en bolide,
> Basile Boli est un mythe et Zinedine son synonyme.

La question très sérieuse de la création d'une *nouvelle langue* est au centre de toute entreprise poétique authentique. Il n'est pas un artiste qui ne se la pose, même s'il sait parfaitement que, faute de génie, il lui sera impossible d'y répondre. Quels sont les auteurs capables d'un tel miracle ? Shakespeare, habillant le spectre du mythe des oripeaux de la modernité ; Racine, qui exprime la violence des passions dans le cadre minimaliste de la poésie classique ; Rabelais, qui choisit de faire la part belle à l'argot au sein de pages d'une érudition inouïe ; Proust, confiant à la syntaxe les caprices abyssaux de la mémoire et du sujet ; Joyce, peintre épiphanique ; Kafka, prophète des heures les plus noires du XXe siècle ; Woolf, orchestrant toutes les voix du monde, exprimant toutes les sensations de l'instant ; Céline, qui ose coudre l'oral sur l'écrit ; Pound, enfin, déposant dans le syncrétisme la part de vertige qui incombe au langage… À chaque fois, la révolution linguistique, le scandale politique et l'hérésie grammaticale ont accompagné la publication des textes de ces auteurs. Rares étaient les consciences du temps qui furent alors capables de deviner la violente et pourtant résistible ascension de ces mots nouveaux dans leur accession au jour. Longtemps, certaines œuvres restèrent dans la nuit du langage trop tôt prononcé et on ne comprit que bien plus tard ce qui s'était joué d'essentiel au moment de la rédaction.

D'aucuns pensent qu'une nouvelle forme de langage advient aujourd'hui, mais j'ai du mal à le croire… Je suis sans doute vieux jeu et incapable d'être touchée par ce genre de beauté. Peut-être parce que je pense que la beauté n'est pas faite pour les « bourges », que fustige la chanteuse, ou pour les gosses des cités, mais qu'elle parle à tous. Car la beauté rassemble, construit, permet d'avancer. Ici, j'ai l'impression d'un piétinement, pire, d'une marche à reculons. « Sécher les cours », comme le préconise la chanson, nous l'avons tous fait, parler mal aussi, mépriser le nanti et l'adulte également. Mais peut-être en sachant que cela était le jeu d'un moment. Maintenant adulte, écrivain et professeur engagé, aimant profondément mon métier et mes classes, je ne peux pas faire croire aux enfants dont j'ai la charge qu'en empruntant ces chemins de traverse ils trouveront leur place dans le monde et qu'ils seront heureux. Se défouler, danser est une affaire sérieuse à dix-sept ans, mais l'invitation de la chansonnette ne va pas que dans le sens du divertissement. Le message est éminemment politique, donc ambitieux au plus haut point. Or, je ne lui trouve pas de profondeur humaniste. Mais je suis sans doute vieux jeu... *Confiteor.* Je continuerai cependant à faire lire Baudelaire à mes élèves, pariant sur l'horreur d'une « charogne infâme » en décomposition, trouvée au « détour d'un sentier ». Je m'en remettrai à cette « pourriture », soulevée par « de noirs bataillons de larves [1] », pour déposer toute la révolte de mes lycéens, avec un respect infini, dans ce tableau inouï de sons et d'images dédiés au beau langage.

Langage et silence

J'ai presque toujours manqué mon coup auprès des élèves quand j'ai tenté de les initier à la musique classique en cours. La musique est une invite au silence et ce dernier intimide. Pourtant, il structure le langage et lui est aussi indispensable que les mots. On peut *dire* beaucoup en se taisant et ne rien signifier en palabrant. Si les élèves considèrent que j'ai une certaine légitimité à leur parler des livres et à les soumettre à leur étude, la musique, en revanche, leur appartient. Ils ont décrété être les spécialistes en la matière et que je n'avais pas à leur imposer quoi que ce soit à ce sujet. Or, il n'y a pas plus fermé qu'un élève aux oreilles duquel achoppe une

1. Baudelaire, « Une charogne », *Les Fleurs du mal* (1857), *Œuvres complètes*, éd. Marcel A. Ruff, Seuil, coll. « L'Intégrale », 1968, p. 58.

symphonie de Mozart ou un quatuor de Schubert. Ce sont alors toujours les mêmes remarques : « C'est ennuyeux. » « Il ne se passe rien dans cette musique. » « Il y a trop de notes qui se mélangent. » « C'est sinistre. »

Si je passe au crible leurs commentaires, j'en arrive aux constats suivants.

C'est ennuyeux : l'ennui est devenu un thème à la mode dans le contexte éducatif. Un thème culpabilisant pour les professeurs, tenus de proposer aux élèves des activités susceptibles de les tirer de leur torpeur, et une nouvelle occasion donnée à ces derniers pour faire plier les adultes. *Ennui* du verbe *ennuyer (inodiare)* de *odium (haine)* : *avoir en haine*. Le sens étymologique est très fort. Il a perdu de cette force et ne désigne ici qu'un sentiment de torpeur : *mélancolie vague, lassitude morale qui fait qu'on ne prend d'intérêt, de plaisir à rien*. Je veux revenir au sens premier du mot *(odium)*, car je pense que les élèves, dans la violence de leur réaction à l'égard de la grande musique, manifestent une véritable « haine de la musique », pour parler comme Pascal Quignard. Toute formation est sans doute une déformation. Une violence que l'on fait aux habitudes. Aussi ne ferai-je pas écouter à mes élèves la musique qu'ils peuvent très bien entendre sans moi, à l'extérieur de l'école. Au contraire, mon rôle est de les conduire vers autre chose, d'éduquer leurs goûts, de leur tendre la palette des mots comme celle des sons, même si c'est *ennuyeux*.

Néanmoins, quand je décide de leur faire écouter un morceau souvent utilisé par les médias ou les publicitaires, ils me disent ne plus s'ennuyer. *La détestation* (sens premier du mot) est une réaction psychologique face à l'absolue nouveauté qui demande à la conscience un trop gros effort d'immersion et de décodage. *La langueur, la torpeur* (sens second du mot) est le premier symptôme d'un renoncement, d'une capitulation de l'esprit en même temps que l'expression d'une extraordinaire mauvaise foi : « Ce n'est pas moi qui n'ai pas pu, c'est Mozart qui n'a pas su me parler ! » On retrouve là encore ce rapport consumériste à la culture, laquelle se doit de frapper dans le mille du premier coup ou de ne pas être.

Il ne se passe rien dans cette musique est un commentaire qui vient compléter le précédent. Il a le mérite d'être un peu plus élevé. Car les élèves ont l'intuition, malgré tout, que se cache dans la musique comme dans les livres un principe narratif. Une discursivité. Mais la partition reste muette. Elle ne leur parle pas. Pourquoi ? Pour entrer en littérature et saisir les enjeux diégétiques d'un texte, il faut être en possession d'un certain nombre d'outils stylistiques. Il en va de même pour la grande musique. Si cette dernière touche plus immédiatement les sens que le texte littéraire, si elle transperce le corps et la conscience de façon plus immédiate, seule l'écoute quotidienne d'une harmonie complexe permet à l'oreille d'accéder aux mystères d'un morceau. L'oreille doit être habituée aux chuchotements du secret. En outre, les morceaux de musique classique qui remportent un grand succès auprès des élèves sont ceux qui ont servi de bande-son à des films qu'ils ont vus plusieurs fois. Dans ce cas précis, l'image est venue naturellement souligner le caractère narratif de la musique et le fait d'avoir vu et *entendu* le film plus d'une fois a fini par instruire la mémoire auditive du spectateur et par l'amadouer.

Enfin, *voir* les images de la musique équivaut à *voir* celles d'un texte littéraire. On travaille sur l'invisible ce qui, une fois encore, demande un effort, de la persévérance. Or, le travail est facile au cinéma, puisque la musique est le calque parfait d'une pellicule qui demande à la conscience du spectateur un moindre effort d'interprétation que l'harmonie.

Il y a trop de notes qui se mélangent. La plupart des mélodies écoutées par les élèves, quel que soit l'univers musical dans lequel ils évoluent au quotidien, sont des mélodies simples. Une basse, une voix, un ou deux instruments en contrepoint, la tiédeur d'une tonalité unique, peu ou pas de modulations, et surtout : le règne de la répétition lancinante. Alors forcément, le *Lacrimosa* du *Requiem* de Mozart laisse pantois !

La musique est omniprésente dans la vie des enfants. Ils ont toute la journée des écouteurs greffés aux oreilles (même pendant les cours), mais savent-ils écouter pour autant ? Quand l'harmonie dépasse un certain stade de complexité, ils décrochent, tout comme ils le font pour un livre où les polyphonies énonciatives et la profondeur symbolique leur semblent trop magistrales. Les notes sont « trop » nombreuses. Elles se « mélangent ». En somme, pour être acceptable, la musique ne doit pas déranger un certain confort auquel l'auditeur est habitué. Aussi est-ce surtout une culture de l'effort qui serait à réinventer. « Les vrais problèmes sont d'abord amers à goûter ; le plaisir viendra à ceux qui auront vaincu l'amertume[1] », écrivait Alain. Le philosophe ne promet pas le plaisir mais la « difficulté vaincue » et offre ainsi à l'homme la possibilité de « penser » et non pas de « goûter »[2].

C'est sinistre. Senestre est l'antonyme de *dextre*, de ce qui est *droit*, en somme de l'orthodoxie. Écouter de la musique classique, c'est dévier, sortir du droit chemin. Les adolescents sont très angoissés à l'idée de faire l'expérience de la nouveauté et d'emprunter des chemins de traverse. Sans pour autant aller dans le sens de la démagogie, l'école se doit d'aiguiser la curiosité intellectuelle. De montrer que les mots, l'harmonie et les formes plastiques de jadis ont conduit à ce qui constitue nos goûts d'aujourd'hui. L'enseignement des lettres gagnerait beaucoup à inclure dans ses pratiques l'analyse de l'harmonie, de l'histoire de la musique et de ses grands genres.

Enfin, la sérieuse difficulté qu'ont les élèves à écouter de la musique classique s'explique par le fait qu'ils entretiennent un rapport conflictuel avec le silence. « Quelqu'un peut parler sans arrêt, et sa parole ne rien dire. Par contre un silence peut en dire long[3] », note Heidegger. Je crois que les élèves, lui préférant le bruit, ne supportent pas le silence car ils le ressentent comme anxiogène. Et

1. Alain, *Propos sur l'éducation, op. cit.*, p. 9.
2. *Ibid.*
3. Heidegger, *Langue de tradition et Langue technique, op. cit.*, p. 37.

pourtant ce dernier fait partie intégrante de la musique. On a souvent dit que le silence après la dernière note d'une symphonie de Mozart était encore du Mozart. Et il est même possible de penser que la relation douloureuse des élèves avec l'oralité reste la conséquence de cette incapacité à supporter le silence.

Le silence permet pourtant la pause, un retour sur soi, un examen de sa propre pensée. Mais il rend surtout possible une tension vers l'autre, vers la parole à laquelle l'élève est confronté et sur laquelle il va tenter de construire la sienne. En somme le silence, celui de la musique et du langage, est sans doute le cœur de la courtoisie et de l'échange entre les hommes. Enfin, le silence est une réalité pleine. Un vide comble, proche de l'*otium* des Anciens. Le *loisir* était alors une vacance luxueuse, un moment propice à la méditation, et l'absence de parole ou de visage permettait à la conscience de revenir à soi et de s'accomplir. *L'accomplissement de soi* : je crois qu'il demeure le but de toute éducation.

3

Autorité et crise de la culture

« Édifions un panthéon pour les professeurs. Il faudrait qu'il fût situé parmi les ruines d'une ville éventrée d'Europe ou du Japon, et au-dessus de l'entrée de l'ossuaire j'inscrirais, en lettres de deux mètres de haut, ces simples mots :

AU SOUVENIR DES ÉDUCATEURS DU MONDE
SI MONUMENTUM REQUIRIS, CIRCUMSPICE »

Aldous Huxley, *Le Meilleur des mondes*

L'horreur du passé

Ce que nous reprochaient les lycéens rencontrés au salon du livre lors de la rédaction de *Tohu-Bohu* était d'avoir les yeux rivés sur le passé. La modernité répugne à regarder en arrière, comme si le passé poussiéreux risquait de la changer en statue de sel. Mais la modernité a-t-elle une vision ? Se projette-t-elle pour autant dans un futur ? Ce mépris de l'héritage, de la tradition et des maîtres sommerait pourtant l'individu qui réfute ces repères, sinon d'en prévoir de nouveaux, du moins de manifester un quelconque talent d'anticipation. Or, les iconoclastes, contempteurs du chaos, se contentent le plus souvent de déconstruire sans avoir la capacité visionnaire de réorganiser les décombres. L'homme moderne, s'il rechigne à regarder en arrière, semble tout aussi frileux quand il s'agit de s'élancer vers l'avant. Aussi reste-t-il englué dans un présent qui ne lui ménage aucune échappatoire.

Les nombreuses discussions que j'ai eues avec mes

élèves au sujet de l'avenir témoignaient de ce désenchantement. Coupés du passé, ils se coupent à l'avance de leur propre futur. Or, c'est dans le présent de la classe, dans l'instant de la parole qui s'y échange que les choses peuvent basculer. La salle de cours est le point de suture entre un héritage dont on ne perçoit pas la légitimité et un futur dont on ne se sent pas encore le dépositaire. Cette absence de lien entre les images, les mots du passé et ceux d'aujourd'hui explique certains balbutiements des salles de cours.

Nous devons ensemble, élèves et professeurs, dévider le fil rouge du temps et des mots pour sortir du labyrinthe. Le monstre qui y dort est la propre peur des élèves. Ils se dévorent eux-mêmes. Leur chancre est le manque de confiance et d'estime qu'ils ont en eux. Si les élèves ont peur des mots et jouent à mépriser les textes, c'est parce qu'ils ne s'aiment pas. L'estime de soi viendra de la capacité que l'on aura à se découvrir entre les lignes d'un classique et elle s'accomplira à travers les pages que l'on rédigera demain pour dire qui l'on est et ce que l'on entend devenir. Néanmoins, cette vision de soi et du monde n'adviendra qu'à la condition d'avoir hérité de valeurs et de repères passés. Ainsi, loin de se nier, les époques s'appellent. Elles n'ont pas d'existences autonomes les unes par rapport aux autres, mais c'est la peur, le silence, l'absence de lien linguistique entre elles qui les séparent.

Le passage d'un mot à un autre est souvent significatif d'un changement d'état d'esprit. Le ministère de l'Instruction publique est devenu le ministère de l'Éducation nationale. Avant il s'agissait d'*instruire* les élèves, maintenant il faut également les *éduquer*. Peut-être avons-nous ici un glissement sémantique révélateur de cette méfiance vis-à-vis du passé et de la préférence que l'on va porter au présent, au *vécu*.

> INSTRUIRE (*instruere*) : outiller. 1) Mettre en possession de connaissances nouvelles. 2) Dispenser un enseignement à un élève.
> ÉDUQUER (*educare*) : élever. *Éducation* : Connaissance pratique des usages de la société (politesse, savoir-vivre).

À lire ces éléments de définition tirés des entrées INSTRUIRE, ÉDUQUER et ÉDUCATION du Robert, on constate qu'au principe de dispense d'un savoir théorique et humaniste (les humanités) supplée celui d'un savoir s'appliquant au comportement. Il s'agit moins du contenu d'un enseignement que des conséquences que ce dernier doit avoir sur un individu. En somme, on passe du cœur d'un savoir à la surface de celui-ci.

Au vu des noms successifs ayant affublé ce même ministère, il semble que la mission de l'École ait sensiblement dévié. Si les mots ont un sens, l'actuelle dénomination donnerait à entendre que l'École se doit de fournir des règles de vie et de comportements aux enfants, avant de leur offrir un savoir théorique. En d'autres termes, les professeurs doivent, en plus de leur rôle de maître, endosser celui des parents, lesquels ont en charge l'éducation de leurs enfants.

J'ai le sentiment que les sciences de l'éducation incitent à délaisser l'*apprendre* pour le *faire,* afin que l'*amusement* supplée au *travail.* Je redoute ces pratiques qui consistent à mettre l'élève en situation de chercheur ou de linguiste en herbe, lors de ces moments de conquête qui ne sont ni la préparation ni le résultat d'une leçon apprise par cœur ou d'un cours magistral.

Au sujet du cours magistral, ce n'est pas peu dire qu'il pâtit actuellement d'une fâcheuse réputation. Or, je le pense indispensable. Car il est des moments où l'élève doit se taire et écouter, afin de soumettre son attention à des données inédites véhiculées par un nouveau langage. La capacité mimétique d'un élève est remarquable. Sensible à la petite musique du cours (qui n'est rien d'autre que la voix du professeur), il ne tardera pas à la répéter. Encore faut-il que celle-ci s'impose suffisamment et parvienne en intensité et en proportion à couvrir le triste brouhaha des séances de découverte, visant à placer l'élève et sa parole au centre de tout, au milieu de rien... Par ailleurs, il ne me semble pas souhaitable de culpabiliser les professeurs qui pratiquent le cours magistral en leur reprochant un autoritarisme qui, de fait, doit constituer le nerf de l'instruction. Le maître est celui qui possède un savoir et l'élève celui qui ne l'a pas encore acquis. Brouiller ces deux constantes peut avoir des conséquences dramatiques.

C'est dans cette passation de pouvoirs (le glissement d'*instruire* à *éduquer*; la superposition entre la parole du maître et celle de l'élève) que se cristallise la crise profonde de l'éducation aujourd'hui. Tout se mélange dans l'esprit des adultes et des enfants. On n'a peut-être jamais autant infantilisé les adultes (dans le débat politique, par exemple). Quant aux enfants, ils sont les premières victimes du confusionnisme de notre époque, de la tendance du temps à tout mélanger, en cédant au charme facile et redoutable du nivellement. Or, littérairement, une page de Balzac ne vaut pas un article de journal, tout feuilletoniste que fut au XIXe siècle l'auteur de *La Comédie humaine.* Une aria de Schubert n'a pas la même profondeur qu'une chanson de variétés, même si les deux genres sont indispensables à nos vies. Un professeur n'est pas un copain ou un grand frère, mais un maître qui, par son statut et son propos, doit faire autorité. Le relativisme des valeurs conduira à un relativisme culturel salvateur. Transmettre des repères aux élèves, une structure, leur permettre d'accéder à une vision hiérarchisée du monde revient à éduquer leur goût. Et le goût n'est rien d'autre que la capacité politique *(polis)* d'un être humain à circonscrire la beauté pour la promouvoir en culture et ainsi la posséder pleinement.

La mode est mère de la mort, pensait Leopardi. Et, en effet, la chanson de variétés qui passe en boucle un été sera oubliée l'été suivant. Or, on n'a jamais fini d'écouter une symphonie de Schumann, ou de lire un roman de Dostoïevski car, comme nous le rappelle George Steiner, il se pourrait bien que le classique nous lise plus encore que nous ne le lisons. Le classique est ce puits sans fond que l'on n'a de cesse d'interroger. Il est aussi béant que le cœur humain et les apories qu'il recèle, à la différence de l'œuvre d'art mineure qu'on finira par oublier parce que la conscience en aura un jour perçu les limites.

Mais heureusement que ces œuvres de moindre importance existent, car il n'est peut-être pas possible ni souhaitable d'être environné à chaque instant de notre vie de chefs-d'œuvre dont l'envergure écrase. Mais, entre étouffer au milieu des chefs-d'œuvre et ne jamais en croiser, il peut y avoir un juste milieu. Et il me semble que suivre un parcours qui n'aura jamais produit l'occasion, même la plus infime, d'une rencontre miraculeuse entre soi et une grande œuvre reste une chose grave. L'École peut être là pour provoquer cette rencontre. La petite phrase de Leopardi nous rappelle à quel point le conjoncturel contient en soi quelque chose de délétère. Il trompe, il simule. Mais l'esprit d'un enfant ne peut pas démêler le vrai du faux, critères qui seront les conséquences d'une instruction exigeante ou d'une éducation au rabais. L'École doit permettre à l'enfant de distinguer, puis de trancher, pour enfin se définir à travers une culture qu'il embrassera ou rejettera. Deux attitudes opposées, certes, mais qui seront le résultat d'un choix, l'expression d'une liberté.

La culture est ce qu'une société promeut pour l'ensemble de ses membres : talents, spécialités, habitudes, rites. Mon propos de professeur et d'écrivain, qui tente de transmettre sa passion pour les mots aux enfants, est d'interroger les rapports intimes qui *préexistent* entre la culture et le langage. J'emploie le verbe *préexister* à dessein : s'il n'y a pas de culture sans langage et si la culture reste ce qui fonde une société et les êtres qui la composent, j'ai la conviction que l'individu demeure un sujet fondu dans le moule des mots. À une heure où la lettre connaît une disgrâce sans précédent (à la différence du chiffre), cette lettre n'a jamais été à ce point susceptible de fonder l'identité des hommes qui la possèdent et de gommer celle de ceux qui en sont dépourvus.

Un langage correct, un contact quotidien avec le monde d'hier et les textes hérités, pour permettre la rencontre avec le monde de demain, sont les autorités indispensables qui doivent accompagner la vie de l'élève. Évidence qui ne va pas de soi. Car la suspicion des adultes vis-à-vis du passé, de la culture et de la transmission, qui restent à leurs yeux autant de principes aux connotations réactionnaires, nuit aux enfants en premier lieu :

Affranchi de l'autorité des adultes, l'enfant n'a donc pas été libéré, mais soumis à une autorité bien plus effrayante et vraiment tyrannique : la tyrannie de la majorité. En tout cas, il en résulte que les enfants ont été pour ainsi dire bannis du monde des adultes. Ils sont soit livrés à eux-mêmes, soit livrés à la tyrannie de leur groupe, contre lequel, du fait de sa supériorité numérique, ils ne peuvent se révolter, avec lequel, étant enfants, ils ne peuvent discuter, et duquel ils ne peuvent s'échapper pour aucun autre monde, car le monde des adultes leur est fermé. Les enfants ont tendance à réagir à cette contrainte soit par le conformisme, soit par la délinquance juvénile, et souvent par un mélange des deux[1].

Pour aider les enfants à sortir du labyrinthe, sans doute faut-il réagir contre cette mauvaise conscience qui n'a pas lieu d'être vis-à-vis du passé. Celui-ci est indispensable à notre métier d'aujourd'hui et à notre pensée de demain. En tant qu'écrivain, je ne pourrais écrire ni roman ni pièce de théâtre si je faisais l'économie des données philologiques et historiques que me fournit le passé et qui se doivent d'orienter mes choix dans le présent de l'écriture. Tous les arts se souviennent et il n'y a point d'idées neuves, *puisque tout est dit et que l'on vient trop tard*.

Or, loin d'être désespérant, ce principe est peut-être le plus merveilleux *stimulus* fourni à l'esprit humain. Qui n'imite pas n'invente pas et, si le souvenir est esthétique en soi, le culte que l'artiste rend à l'universel est culte du passé. Ce n'est pas un hasard si tous les travaux de l'esprit étaient, chez les Grecs, placés sous l'égide de Mnémosyne (la mère des muses), fille de la Mémoire...

Peut-être que lorsqu'on écrit, que l'on enseigne, et que l'on a en charge deux missions aussi importantes que l'éducation et le don des mots, on se doit d'opter pour une attitude conservatrice. Le mot fait grincer des dents aujourd'hui, mais je l'assume pleinement à travers mes deux métiers, en réagissant contre l'oubli, l'indi-

29. Hannah Arendt, « Crise de l'éducation », *Crise de la culture*, *op. cit.*, p. 233-234

gence qui l'accompagne, et le mortel ennui de la barbarie lente.

Du déni des mots à l'oubli de l'Histoire

J'ai eu des discussions assommantes avec une classe pour laquelle le passé et les mots s'y rattachant participaient d'une telle cacophonie que les élèves en arrivaient à des propos effrayants. La classe dans laquelle la discussion a dérapé était une classe d'étudiants en communication. Beaucoup d'entre eux étaient noirs, de confession musulmane et donc très sensibles au drame historique de la traite des Africains. Lors d'un cours où il était question du langage mis au service d'une rhétorique du mal, je leur exposai le cas d'Adolf Eichmann. Je naviguais alors en eaux troubles sans m'en douter.

Il allait bientôt être question du génocide, et, à ce moment précis, une grande partie de la classe de s'insurger : « Il y en a assez de la souffrance des Juifs ! Les Noirs aussi ont souffert. Il y a eu l'esclavage, la traite des Noirs et c'est la même chose que la Shoah. D'ailleurs ce sont les Juifs et les Américains qui ont organisé tout ça. » Ce sont leurs mots, je les restitue avec la plus grande rigueur. Un meneur se démarque alors très vite du groupe par des propos tout aussi spécieux : « Si on parle des Juifs, c'est parce qu'ils pouvaient écrire leur histoire. Ils avaient reçu une éducation. Quand ils sont revenus des camps de la mort ils ont pu écrire, et puisqu'ils avaient des relations on a publié leurs témoignages. Tandis que les Noirs n'ont pas été à l'école, puisqu'ils ont été déportés ou colonisés. On ne leur a pas donné la possibilité de s'exprimer. Ils n'ont pas pu témoigner de leur martyre et on les oublie aujourd'hui. »

Face à ces propos, qui ont l'hideuse apparence d'un *racisme à l'envers* à l'endroit des Noirs justement, je reste un moment sans voix. Cet élève a beau avoir posé le doigt sur la problématique du langage, je me sens absolument découragée, tant je mesure le poids du travail qui reste à accomplir. Un travail tant linguistique qu'historique et philosophique. Par ailleurs, à cet amalgame dramatique vient se superposer l'onde de choc du conflit israélo-palestinien. Bien que ne sachant pas placer la Palestine sur une carte, certains élèves compatissent avec les « colonisés » et développent, au gré des nouvelles divulguées par la radio ou la télévision, une haine véhémente à l'égard de « l'envahisseur ».

Il n'a jamais été à la fois aussi passionnant et difficile que d'enseigner aujourd'hui. Cette difficulté provient de la détresse des consciences contemporaines, confrontées à la vitesse de l'Histoire qui nécessite une mémoire rigoureuse et des rappels constants. Or, cette lecture honnête implique un passage par les mots. Et la mauvaise foi historique, dont la jeunesse est la première à souffrir, provient d'un échange qui ne s'est pas fait entre l'élève et le langage, c'est-à-dire entre la conscience en formation et la vérité, même obtuse, que les mots recèlent.

Aussi l'esclavage n'a-t-il pas été inventé au XVIIIe siècle, mais il y a cinq mille ans. Les oppresseurs d'aujourd'hui pouvant devenir les opprimés de demain, il faut redouter la confusion entre l'actualité présente et l'Histoire, puis ne jamais oublier que l'intelligence du présent passe par la connaissance du passé. Cette connaissance manque cruellement tout autant que le sens des mots : combien de fois ai-je dû rappeler que « l'esclave » était « l'opprimé » et qu'il n'avait pas de couleur ? Il est urgent de revenir comme par réflexe à la définition du dictionnaire, afin de ne plus superposer sur le plan sémantique « l'esclave » et le « Noir » ; le « déporté » et le « Juif »... L'absence de lectures, de définitions simples et rigoureuses conduit toujours à ces fautes contre l'esprit. Un vocabulaire monolithique, fortement ancré dans l'univers médiatique, conduit à effacer les nuances et à diluer les contours de la syntaxe, qui restent les garde-fous de notre humanité. Enfin, ce qui m'a semblé le plus grave lors de cet échange reste que ceux qui connaissaient ces nuances avaient honte de savoir. Et cette intuition de la vérité fut aussitôt étouffée par la voix des caïds qui entendaient bien en asséner une autre.

Les notions de *bien* et de *mal* sont déposées dans le langage. L'éthique est confiée aux mots. Le bon usage que l'on observe de la langue fait fatalement pencher le fléau de la balance du côté du juste ou de l'injuste : « La parole est faite pour exprimer le bien et le mal, enseigne Aristote, et, par suite aussi, le juste et l'injuste ; et l'homme a ceci de spécial, parmi tous les animaux, que seul il conçoit le bien et le mal, le juste et l'injuste, et tous les sentiments du même ordre, qui en s'associant constituent précisément la famille et l'État[1]. »

Ainsi, toute une génération d'enfants orphelins, perdus dans les mots et la politique, brûle sans voix sous des soleils contraires. Son mépris augmente avec son impuissance à nommer et à remonter à la source des maux et des mots. Mais parfois, quand le groupe se disloque et qu'émerge la conscience courageuse d'un individu, l'espoir renaît. Timidement.

Il doit être midi. Le soleil de mai est écrasant. La fin de l'année approche. Peu de lycéens viennent encore en cours, préférant rester à la maison pour bachoter. Je suis assise à lire dans une cour presque vide, au soleil, quand une voix m'extirpe de ma lecture : « Bonjour madame, vous souvenez-vous de moi ? Je suis Steeve, vous étiez mon professeur de français l'année de *Tohu-Bohu*, il y a quatre ans. » Je me souviens très bien de cet élève qui, il faut l'avouer, n'avait brillé ni par son niveau ni par son comportement. Steeve a beaucoup grandi. J'ai peine à le reconnaître, il est venu à moi en costume bleu marine. Il porte des chaussures cirées. Il est très beau. « J'ai eu mon bac à l'arrachée, dans un autre lycée. J'ai eu des problèmes, il y a quatre ans. Je ne travaillais pas assez au lycée. Alors mes parents m'ont renvoyé dans la famille, au Bénin, pour que je travaille dur. Là-bas, cela n'allait pas non plus. J'étais un Noir blanc, un nanti. Je n'avais

1. Aristote, *La Politique*, I.1, trad. Jean-Barthélémy Saint Hilaire, Librairie philosophique Ladrange, 1874, p. 7.

pas d'amis. J'ai regretté l'école. Alors, je suis revenu pour tenter une nouvelle scolarité ici. À ce moment, mon meilleur ami s'est fait tuer dans la cité. Trois coups de couteau. Trois lignes dans le journal. J'étais fou de chagrin et de rage. Je viens vous voir parce que vous m'avez parlé des livres et de George Steiner. J'ai bien aimé ce qu'il disait sur le pouvoir des mots quand tout va mal. J'ai des pages à vous faire lire. Il s'agit d'une petite autobiographie. Pouvez-vous m'aider ? »

Je lui réponds que nous allons lire cette vingtaine de pages ensemble. Je lui demande ce qu'il compte faire à présent. « Quand j'aurai écrit ce livre, je voudrais retourner au pays, au Bénin, pour y travailler. Je voudrais apporter quelque chose de moi là-bas. J'ai mon bac, je me sentirai plus fort que lors de mon premier voyage. Mais avant d'y retourner, je veux écrire ce petit livre. Je crois que c'est important. »

Je lui dis que c'est, en effet, très important de savoir qui l'on est. Car cette connaissance s'accompagne de la certitude des choses que l'on a à accomplir. Savoir écrire, savoir parler, c'est pleurer moins. L'oraison funèbre que mérite son ami assassiné, il pourra l'écrire. Il se doit de l'écrire, à travers ces quelques pages où se raconte sa vie.

La vie de Steeve, c'est un « il » qui n'ose pas dire « je ». Ce qui me frappe à la lecture de ces pages, c'est que mon ancien élève ne parvient pas écrire à la première personne. Les mots ne lui collent pas encore totalement à la peau. Le langage garde ses distances. Il faut tenter un corps à corps. Un acte authentique. Une profession de foi. Je lui donne des conseils allant dans ce sens, je structure l'ensemble du texte, simplement, en insérant des chapitres. Le soleil est encore très haut quand nous nous quittons. Je n'ai jamais revu Steeve. Il doit œuvrer et décider de sa vie sous le grand soleil du Bénin aujourd'hui. J'espère qu'il pense de temps à temps à nos mots confiés dans la cour de son école.

Cet échange me conforte dans la certitude que le langage participe d'une construction de soi et d'un destin. Steeve a appelé les mots pour écrire son histoire. Il en a ressenti le besoin vital. On ne sait pas ce qui se passe dans la tête d'un élève qui semble perdu, voire démissionnaire. Le déclic peut avoir lieu plusieurs années après une première rencontre en classe où nos regards n'avaient fait que semblant de se croiser, à midi.

Passer à table sans y poser les coudes

J'ai connu un professeur de lettres classiques remarquable au cours de ma première année d'enseignement. Elle enseignait le français, le grec ancien et le latin dans un collège de Seine-Saint-Denis. J'étais sa stagiaire pour quelques semaines. Un beau matin, elle apporta en classe un service de table. Assiettes creuses, assiettes plates, assiettes à dessert. Verres à eau, verres à vin, verres à liqueur. Couteaux et fourchettes à viande, couteaux et fourchettes à poisson. Cuillers à soupe, cuillers à café. Il y avait des nappes aussi, toutes blanches, et des serviettes en tissu. Sereine, elle m'a glissé ces mots : « Aujourd'hui, ils vont apprendre à dresser une table. Mais ce sera une très belle table. On fera le cours de grammaire après. » Je n'ai rien dit. Je trouvais même que l'idée frôlait la démagogie. Or, l'exercice a non seulement passionné les élèves, mais ils ont ensuite cherché à le réitérer avec les modestes moyens que leur offrait le réfectoire. Durant l'heure du repas, un calme inhabituel régnait à la cantine du collège, lieu ordinairement sonore. La séance de grammaire qui suivit le déjeuner s'est déroulée dans l'allégresse. Les élèves étaient merveilleusement disponibles. Les marques avaient été prises le matin même, entre le cristal et l'argenterie, et à présent on avait l'intuition des liens secrets qui prévalaient entre une proposition principale et sa subordonnée. L'adjectif et l'adverbe n'étaient pas là que pour décorer la phrase, ils lui apportaient une saveur inédite. L'ensemble des mots se coordonnait pour former une syntaxe correcte et structurer la beauté du texte. Dans le cadre de cette analyse, l'élève n'était pas un glouton qui avalait à tout va les mots d'un texte jusqu'à l'indigestion, mais un apprenti, placé à côté d'un chef, lequel lui révélait patiemment tous les secrets de ses plats. Car, au-delà de l'ordre, de la règle et de la rigueur, les élèves avaient cherché l'harmonie en mettant la table ce matin-là. À présent, l'exercice de grammaire logique pouvait devenir une propédeutique à l'analyse stylistique d'un texte qui trouverait sa beauté dans les secrets d'une grâce toute formelle.

Le cristal, la porcelaine : cela se casse. Les nappes

blanches : cela se froisse et se salit. L'argenterie : cela se raye. L'ensemble est fragile mais, impeccablement disposé, il forme une table magnifique, afin que le repas que l'on prend soit encore meilleur. La grammaire, quant à elle, s'apprend par cœur, elle est souvent revêche, mais elle permet l'accès au cœur des textes. À leur poésie.

Poésie de la grammaire

L'apprentissage de la grammaire fait partie intégrante de l'apprentissage de la lecture et de l'écriture. Sans elle, il est impossible de comprendre un texte ni d'en composer un. Elle est le nerf de l'enseignement du français. Savoir nommer un mot à l'aide d'un terme savant fourni par la linguistique ne suffit pas. Il faut pouvoir dire quel rôle ce mot aura dans la phrase, parvenir aussi à le mettre en relation avec les autres mots : en somme, acquérir le plus tôt possible des notions de *syntaxe*.

Je pense que c'est elle qui fait le plus cruellement défaut aux enfants dès l'école primaire. La harangue, le saut logique, la violence, l'incapacité à s'exprimer autrement qu'à l'aide des monosyllabes ou des tristes onomatopées dont j'ai fait état plus haut, sont les conséquences d'une connaissance lacunaire de la « grammaire de phrase ». Or, « La vertu du langage est pourtant de constituer à partir de sensations incohérentes un univers à la mesure de l'humanité ». Sans la maîtrise de cette « grammaire de phrase », les mots semblent posés sur les lignes de leurs cahiers ou abandonnés au blanc des livres, sans qu'aucun lien secret ne les lie les uns aux autres. Le corps du texte grammatical ressemble alors à celui d'un pantin désarticulé dont un marionnettiste fou tirerait les ficelles.

Afin que le petit théâtre du cours de grammaire cesse de ressembler à un cabaret sanglant de Grand Guignol, où de tels pantins gesticulent pour effrayer autant les maîtres que les élèves, il faudrait rappeler des notions de bon sens et de logique : la *grammaire* est une *mise en scène* où chaque *mot* est un *acteur* ayant un rôle précis à jouer dans la dramaturgie du texte, comme le rappelle M. Alain Bentolila dans son rapport remis au ministre sur la réforme de l'apprentissage de la grammaire au collège. M. Bentolila montre comment la solidarité des mots commande l'exercice de l'intelligence et le progrès de la vérité dans les esprits. Or, c'est justement la désolidarisation des mots entre eux et l'incapacité de l'élève à les agencer correctement qui conduit à la déperdition de l'être tout entier. Je reste persuadée que la grammaire est une ontologie, la chair des textes et des hommes. « La langue » est, pour Martin Heidegger, « la maison de l'être ». Elle est celle qui nous accueille et sans laquelle nous sommes nus.

Souvent les esprits trébuchent. Car les initiateurs de la grammaire textuelle semblent avoir commis un péché d'orgueil dont des générations d'élèves ont fait les frais. Il se pourrait que nous soyons les héritiers d'une certaine pensée classique qui ne connaissait pas les enfants, mais seulement des adultes en modèle réduit. Observons une peinture du XVIIe siècle représentant un enfant. En fait, il s'agit d'un adulte nain. D'un petit homme au visage de vieillard. Les sciences du langage ont tenté d'imposer au modeste apprenti (les élèves du primaire et du collège) une façon de travailler qui convoque des outils d'analyse ne pouvant appartenir qu'aux initiés (étudiants en linguistique). Il suffit de se pencher sur la table des matières d'un manuel de grammaire du primaire : les intitulés des chapitres sont investis par le vocabulaire de la linguistique moderne. Le programme est toujours d'une ambition extraordinaire : un agrégatif sera tenu de maîtriser les

Fonction	**Exemple**	**Constituant...**	**Préposition**
Sujet	*L'enfant* révise la grammaire.	de la phrase	sans
Attribut du sujet	Corinne est *attentive* et *appliquée*.	essentiel du GV	sans ou rarement avec
Ct objet direct (COD)	Ils finissent *leur goûter* et font *leurs devoirs*.	essentiel du GV	sans
Ct objet indirect (COI) Ct objet second (COS) Ct d'attrib.	Elle pense *à son travail*. Je compare ta voiture *à la mienne*. Elle confie un secret *à son frère*.	essentiel du GV	avec *à* ou *de*

mêmes points imposés par la grammaire normative du français ! En tant que professeur, enseignant au lycée et à l'université, cela devrait me réjouir de savoir que les élèves du secondaire qui seront les étudiants de demain possèdent de telles bases, acquises aux premières heures de la formation. Mais il n'en est rien. Certains de mes étudiants confondent encore l'attribut du sujet avec le complément d'objet. Aussi, même si elle reste une jolie invitation au rêve, la grille de synthèse qui suit, tirée d'un manuel à l'intention d'élèves de CM2, me laisse perplexe.

Il est impossible pour un enfant et ses parents qui souhaitent l'aider de s'y retrouver. En outre, méprisant la

Supprimable ? Déplaçable ?	**Remplaçable par…**	**Remarques**	**Classe grammaticale**
ne peut être supprimé ou déplacé	un pronom (je, tu, il, on, ils, etc.)	Répond à la question « *Qui est-ce qui ?* » Commande l'accord du verbe. Absent à l'impératif.	Nom et GN Pronom V. infinitif
ne peut être supprimé ou déplacé	un adjectif	Mis en relation avec le sujet par un verbe d'état (type *être*).	Adjectif Nom et GN Pronom (parfois (parfois adverbe, V. infinitif)
ne peut être supprimé ou déplacé	un pronom (le, la, l', les)	Devient sujet de la même phrase après transformation passive.	Nom et GN Pronom V. infinitif Proposition subordonnée complétive
le plus souvent ne peut être supprimé ou déplacé	un pronom (lui, leur, en, y)	Répond à la question « *À (de) qui ? À (de) quoi ?* » posée après le verbal	Nom et GN Pronom V. infinitif Proposition subordonnée complétive

Fonction	Exemple	Constituant...	Préposition
Ct d'agent	Nous avons été avertis *par nos amis.*	essentiel du GV	avec *par* ou *de*
Ct circ.	*Chaque soir,* il apprend *consciencieusement* ses leçons *dans sa chambre.*	de la phrase (presque toujours) du GV (quelquefois)	avec et parfois sans
Apposition	Martin, *élève appliqué,* réussit tout ce qu'il entreprend.	de la phrase ou du GN	sans
Ct du nom	J'ai perdu mon stylo *à bille* et mon livre *de grammaire.*	du GN	avec
Épithète	Pierrot est un enfant *studieux.*	du GN	sans

grammaire de phrase pour lui préférer la grammaire de texte, on a emprunté au vocabulaire universitaire, à l'intention des plus petits, des termes comme « situation d'énonciation », « locuteur », « schéma narratif », « schéma actanciel », rappelle Alain Bentolila. Aussi, avant de rêver avec la « grammaire de texte » au lycée, encore faut-il maîtriser la « grammaire de phrase » dès le collège. Ce n'est pas renoncer, mais commencer par les fondamentaux, sans lesquels il sera impossible de construire quoi que ce soit.

Supprimable ? Déplaçable ?	Remplaçable par…	Remarques	Classe grammaticale
peut être supprimé mais non déplacé		Suit un verbe à la voix passive. Devient sujet de la même phrase après transformation active.	Nom et GN Pronom
peuvent être supprimés ou déplacés sauf exception (constituant du GV)		Répond à la question *« Où ? Quand ? Comment ? »* posée après le verbe.	Nom et GN Pronom V. infinitif Participe Adverbe Proposition subordonnée
supprimable et déplaçable	un adjectif	A un rapport étroit avec un nom. Séparé du GN par une virgule.	Adjectif Nom et GN Pronom V. infinitif Proposition subordonnée relative
supprimable mais non déplaçable	un adjectif	Détermine le non-noyau du GN. Ct de l'antécédent quand c'est une pr. relative.	Nom et GN Pronom V. infinitif Proposition subordonnée relative Adverbe
supprimable (souvent déplaçable dans le GN)	un Ct du nom	Détermine un nom.	Adjectif qualificatif Participe passé

Quels sont-ils ces fondamentaux ? Aller du plus simple au plus compliqué, du fréquent au rare, comme le préconise M. Bentolila. Commencer par étudier « le nom » lui-même, avant de parler de « déterminant du nom ». S'il existe des cas d'inversion du sujet, être bien certain que dans l'esprit de l'élève l'ordre sjt + vb soit tenu pour le plus normal. Savoir ce qu'est une proposition simple avant d'aborder les subordonnées, etc.

Par ailleurs, sans l'esprit de l'ancienne leçon de choses,

il serait souhaitable de placer les élèves en situation de fabriquer des phrases, de formuler des hypothèses, et de se tromper aussi. Au lycée, j'assiste à de dramatiques blocages lorsqu'il est question de commencer à rédiger. Les élèves sont pris de panique, car ils ne savent pas « par quel mot commencer ». Le mot ne vient pas. Je pense que nous tenons là un indice de leur manque d'expérience de la faute et de l'apprentissage laborieux qui devrait émailler les cours de grammaire dès le primaire. L'observation de brouillons d'écrivains peut être salutaire à ce titre : les élèves réalisent qu'un texte s'écrit, se biffe, se réécrit, se rature, se déplace, même chez les meilleurs. Mais l'acte mécanique d'écrire, la matérialité même d'une feuille couverte de signes leur sont chaque jour des réalités de plus en plus étrangères. L'ordinateur, le traitement de texte impliquent une tout autre relation au temps et au corps en train d'écrire. Les ratures ne laissent pas l'ombre d'un souvenir, relatif à la précieuse *genèse* du texte. L'orthographe est corrigée automatiquement. Habitué à rédiger de cette façon, le vertige saisit l'élève quand on le place devant une feuille blanche, un crayon en main. Que fera-t-il donc le jour de l'examen qui en appelle encore aux bonnes vieilles méthodes de la copie anonyme et du stylo ? Confrontée au désarroi de mes élèves, j'ai parfois le sentiment que ces derniers n'ont jamais écrit de leur vie. Et d'ailleurs je leur pose toujours la même question à la rentrée des vacances en début de classe de seconde : « Qui a écrit cet été ? » Souvent très fiers d'eux, ils m'avouent ne pas avoir tracé un mot sur le papier. « Vous n'avez pas même rédigé une lettre à un parent, une carte à un ami ? » « Non, on leur a téléphoné, c'était plus facile », me répondent-ils.

Si les fondamentaux sont en place, on peut travailler sur la grammaire de texte au lycée. Inversant la formule de Jakobson comme l'a déjà osé Georges Steiner, j'ai souvent évoqué auprès des élèves le principe d'une *poésie de la grammaire*. L'oxymore fait toujours grincer des dents, car l'idée communément répandue est qu'il n'y a rien de *poétique* attaché à cette terrible et vieille *Grand-Mère* dont Molière s'était gaussé en son temps. Et pourtant, le nerf de la poétique des textes, la réalité qui fonde leur beauté, est grammatical. Pas de poésie sans syntaxe, sans conjugaison, sans mode, sans temps, sans pronom, sans adverbe, sans adjectif.

La majorité des élèves estiment avoir, jusqu'à leur arrivée au lycée, pratiqué l'analyse grammaticale à travers des exercices ressentis comme plus ou moins fastidieux. Il s'agissait alors d'identifier la nature et la fonction d'un mot ou d'un groupe de mots en dehors d'un contexte littéraire et sémantique précis. Au lycée, ces bases devraient être en place, afin d'autoriser l'exercice de stylistique qui consiste justement à se servir de la grammaire comme d'un outil efficace au même titre que la rhétorique, pour mettre alors en relation l'aspect formel du texte avec son sens. En linguistique, cela revient à résoudre l'équation entre le « signifiant » et le « signifié » du texte. Cette mise en perspective est ce qui peut, *in extremis*, réconcilier l'élève avec la grammaire à deux ans du baccalauréat.

C'est peu de dire que les bases manquent le plus souvent. Mais le sens du texte est attractif, immédiatement séduisant. Aussi, au lycée, peut-on partir de ce sens et ensuite revenir à la grammaire normative et à son étude en démontrant que ce sens, jugé si séduisant au départ, doit sa séduction à la nomenclature grammaticale du texte.

La faute logique (paradoxe), la licence orthographique, la rupture syntaxique inattendue (hypallage, anacoluthe), la répétition (anaphore) sont autant de procédés formels dont se servent les poètes. La poésie, dont se méfiait tant Platon, supposait une rébellion de la parole, une perversion du logos. La poésie était une pure hérésie, car elle tournait le dos à la logique, à la vérité et à l'être. J'aime provoquer les élèves en leur glissant qu'écrire de la poésie ou un texte de prose poétique revient à *faire des fautes* et à *engendrer des monstres*. En affirmant cela, je n'entends pas faire vibrer la corde de la démagogie mais, au contraire, montrer que toute déconstruction implique une connaissance précise de ce qu'étaient la norme et la construction au départ. Rimbaud était un excellent élève en latin et en grammaire. Ses manuscrits montrent qu'il écrivait presque toujours ses poèmes d'un jet et sans la moindre faute d'orthographe. Et pourtant, l'auteur des *Illuminations* est considéré comme celui qui révolutionna dans sa forme la langue française, en se jouant justement de la norme et de la règle.

Qu'est-ce qui est le plus regrettable ? De ne pas réussir à différencier une métonymie d'une synecdoque l'année du bac ou de ne jamais avoir étudié une tragédie de

Racine ? L'essentiel est de revenir aux textes, à leur sens et leur ambition profonde, que les auteurs ont déposés dans un projet philologique et humaniste. À l'Université, la plupart de mes étudiants ne lisent pas les œuvres, mais des livres à leur sujet. Le métalangage supplée à l'authentique chant du texte d'auteur. À quel degré de manque de confiance en eux-mêmes les élèves et les étudiants sont-ils parvenus pour préférer la copie à l'original ? Il n'y a pas de meilleur lecteur de l'art que l'art lui-même. La plus brillante lecture de *Madame Bovary* reste *Anna Karénine*, quand *La Méprise* demeure à jamais un vibrant hommage que Nabokov rend au *Double* de Dostoïevski. Mais l'époque manque d'humilité. Comme le rappelle avec courage George Steiner dans son livre essentiel, *Réelles Présences*, le mandarin oublie qu'il est au service des textes et des auteurs. Affirmant être lui-même « le postier et non l'auteur de la lettre », George Steiner a l'humilité d'écrire que s'il était capable d'inventer une ligne d'*Anna Karénine* il ne rédigerait pas une thèse sur Tolstoï. Pour parfaire la définition du classique que nous donnions plus haut, je serais tentée d'ajouter que le classique est une œuvre qui n'a de cesse de générer un brouillard d'ouvrages critiques et qui détient en même temps la capacité d'en éradiquer la condensation pluvieuse aussitôt.

Si l'on descend les étages de la grande maison Éducation nationale, on trouve la même prétention, le même manque d'humilité dans l'enseignement des lettres réservé aux élèves du primaire et du secondaire. Or, il me semble que l'École et l'Université devraient apprendre aux jeunes lecteurs qu'aucun livre ergotant sur un livre n'en dit plus que le livre en question. Mettons-nous à rêver un instant : si un élève amoureux souhaite écrire spontanément une phrase du cru de monsieur Jourdain : « Belle marquise, vos beaux yeux me font mourir d'amour », son maître de philosophie risque fort de pratiquer une relecture précieuse de cette phrase simple et suffisante, diluant ainsi la sincérité du sentiment dans le maniérisme grammatical pour suggérer une kyrielle de variantes syntaxiques :

> Belle marquise, vos beaux yeux me font mourir d'amour. Ou bien : D'amour mourir me font, belle marquise, vos beaux yeux. Ou bien : Vos yeux beaux d'amour me font, belle marquise, mourir. Ou bien : Mourir vos beaux yeux, belle marquise, d'amour me font. Ou bien : Me font vos yeux beaux mourir, belle marquise, d'amour[1].

Si l'intention de Molière était la raillerie, si le dramaturge cherchait à dénoncer les pédants du temps, cette fureur syntaxique (qui reste parfaite, puisqu'elle est de Molière) n'est pas un « vice à la mode » chez les élèves. J'ai demandé à ces derniers de décliner la syntaxe d'une telle phrase : monsieur Jourdain est resté sans voix... La pédanterie reste ainsi l'apanage des petits maîtres, quand leurs élèves, noyés par leurs palabres, restent muets. À cet

1. Molière, *Le Bourgeois gentilhomme*, II, 4, (1670), *Œuvres complètes*, IV, Garnier-Flammarion, coll. « GF », 1979, p. 88-89.

égard, m'ont jadis marquée ces propos de Julien Gracq qui écrivait être

> frappé de la naïveté perspicace, de la justesse drue et directe, de la verdeur jaillissante des peintres, des sculpteurs, des musiciens, de la plupart des artistes de la main, de l'œil et de l'ouïe lorsqu'ils sont capables de parler de leur art ; à côté d'eux, chez les écrivains qui parlent de l'écriture, tout est trop souvent outrance ou réaction, poudre aux yeux, alibi [1].

Alors sans doute faudrait-il cesser de faire des jeux de mots, oublier les précieuses ridicules et se souvenir qu'au temps de Molière la préciosité était un idéal de simplicité, d'honnêteté, de retenue et de bon goût. Une étude honnête du texte littéraire passe par l'emploi d'une langue honnête permettant l'analyse. La littérature n'est pas un jeu de cuistres, ni la taverne fumeuse des Diafoirus ou autres monsieur Jourdain. Elle nous montre un visage infiniment sérieux et elle nous tend un miroir qui nous révèle aux autres et à nous-mêmes.

Grammaire et mathématiques

Il existe une poésie, une musique des hautes mathématiques. Je suis trop ignorante en la matière pour accéder à de telles révélations. Les mathématiques restent une langue à part à laquelle seuls les initiés ont droit.

1. Julien Gracq, *En lisant en écrivant,* Corti, 2002 p. 7.

Simone Weil, qui connaissait les mathématiques, mais bien moins que son frère André, avoua à ce dernier :

> Si tu dois me renier au cas où j'aurais compris ta lettre de 16 pages, ce n'est pas nécessaire : je n'ai pas compris. [...] Envoie-moi encore des lettres de ce genre si l'inspiration te prend. J'aime beaucoup ça. Je lis ça consciencieusement plusieurs fois. C'est tout à fait pur et désintéressé, car je n'en tirerai jamais aucune thèse [1].

George Steiner, pourtant titulaire d'un doctorat de mathématiques, m'a confié avoir connu l'une des plus grandes déceptions de sa vie le jour où des amis mathématiciens à Cambridge lui ont déclaré qu'il devrait s'en tenir là, qu'il lui faudrait encore quinze années de travail acharné avant de pouvoir comprendre la plus élémentaire des équations menant au problème mathématique qu'il ambitionnait alors de résoudre, et cela sans que le résultat ne soit garanti...

Si les meilleurs lettrés n'ont pas toujours accès au langage mathématique, en revanche nombre de mathématiciens s'adonnent avec génie à la philosophie, à la peinture... Il existe une muse des mathématiques comme il existe une muse de la musique. Au Moyen-Âge, le cours de mathématiques était consubstantiel au cours d'har-

1. Lettre de Simone Weil à son frère André, écrite après le 28 mars 1940, réponse à une lettre d'André datée du 28 mars 1940, Simone Weil, *Œuvres*, Gallimard, coll. « Quarto », 1999, p. 575.

monie. J'évoque régulièrement dans mes classes la double attirance d'un Pascal, d'un Vinci, d'un Valéry pour les lettres et les sciences. L'interaction entre les disciplines est vivifiante et la belle rigueur des sciences peut aider à l'analyse des textes. « L'étude de la grammaire [...] conditionne le commencement de la culture logique », affirme Hegel dans son *Discours du gymnase* prononcé le 29 septembre 1809. Le langage mathématique explore les possibilités d'exposition universelle et objective de la réalité. Face à lui se trouve le langage de l'intimité, de la subjectivité humaine, de l'implicite et du non-dit. À un langage total s'oppose un langage de la demi-teinte et c'est avec ces deux étalons linguistiques que l'on demande aux élèves de composer.

J'ai fait récemment la connaissance du mathématicien Laurent Lafforgue. Lauréat de la médaille Fields, l'équivalent du prix Nobel des mathématiques, il proclame tant son amour des sciences que sa passion pour les lettres. Ses discours et missives le réaffirment à chaque ligne. Chercheur à l'Institut des Hautes Études scientifiques, il fit pour un temps partie du Conseil national des programmes où il n'eut de cesse de souligner sans complaisance aucune le lien entre logique scientifique et justesse de la langue au cours de l'apprentissage des mathématiques à l'école.

Dans son bureau de l'IHES, il y a un tableau noir couvert de signes et d'équations dont le mystère est accessible à lui seul et à quelques-uns de ses disciples. Sur un mur, près de la baie vitrée qui donne sur le parc paisible, la photographie sépia d'un âne aux yeux doux comme du velours. Sur le bureau du scientifique, des piles de documents reliés, rangés au cordeau. Se distingue de l'ensemble un dossier de couleur au recto duquel je reconnais le tableau d'un primitif italien. Je crois me souvenir aussi qu'il y a des images d'anges et de madone dans des cadres. Une bibliothèque généreuse est remplie de livres de poésie, de sciences et de pédagogie, que lui envoient les professeurs avec lesquels il dialogue continuellement.

Laurent Lafforgue a, entre autres, échangé une correspondance avec un homme singulier. Voilà ce que le mathématicien m'a précisé au sujet de ce personnage avant de me confier l'une de ses lettres, qu'il me lut et qui m'a particulièrement émue :

> Ce monsieur a grandi dans une famille très pauvre (un taudis d'une seule pièce, avec une seule fenêtre et une seule ampoule, pas un livre). Dans cette famille, il n'a jamais entendu prononcer un seul mot de français. Il a donc tout reçu à l'école primaire qu'il a fréquentée jusqu'au jour de son certificat d'études primaires, à douze ans. Deux ans plus tôt, il avait été reçu (premier de son département) à l'examen d'entrée au lycée. Mais il n'a pas pu y aller car le lycée était très loin de chez lui et ses parents n'auraient pas pu payer un logement pour lui. Il est devenu ouvrier agricole le lendemain du CEP (à raison d'au moins dix heures par jour, six jours par semaine). En fait, il a continué à étudier, chaque dimanche après-midi, avec un curé membre de la Société mathématique de France qu'il était allé trouver en lui

demandant « de lui apprendre le calcul différentiel et intégral ». C'est sans doute pourquoi il n'a pas perdu ce qu'il avait reçu à l'école primaire. Plus tard, il a fait peu à peu son chemin, à force de travail, et grâce à ce que l'école primaire de son temps lui avait donné.
Grâce à des cours du soir, il a pu devenir technicien puis ingénieur.

Et voici la lettre de cet homme au mathématicien :

Cher Laurent Lafforgue,

J'ai lu sur votre site votre texte « Le calcul à l'école primaire ». Je voulais vous dire combien ce texte est magnifique. Il devrait être affiché dans toutes les écoles primaires de France. Et, surtout, les inspecteurs d'académie devraient veiller à son application rigoureuse. Je suis très sensible à l'ensemble de ce texte, et tout particulièrement à ce que vous dites au début du paragraphe nº 1. Je pense très sincèrement que ce qui y est écrit doit être la fidèle synthèse des programmes du primaire des années 1923 et 1945 que vous évoquez parfois. Programmes de cette École de la République de l'époque qui a tant apporté à la France par son enseignement dont le seul but était de transmettre les connaissances aux enfants et de leur donner le goût de l'étude et du travail.
Pour vous dire à quel point cette partie me touche, moi qui n'ai connu que cette école primaire, quand vous dites que : « ... ces connaissances ont une grande valeur mathématique ainsi qu'une puissance formatrice considérable... », je vais vous relater quel était l'état d'esprit

d'un jeune ouvrier agricole du tout début des années 50, tout récemment reçu au certificat d'études primaires. À cette époque, travaillant dans les champs (manuellement, car la mécanisation n'avait pas encore atteint les petites propriétés agricoles pyrénéennes), je me souviens avoir à maintes reprises pensé que j'étais capable de survivre sur une île déserte tellement les connaissances que j'avais acquises à l'école primaire me semblaient suffisantes pour « me tirer d'affaire ». Non seulement nous savions calculer, mesurer des longueurs, des surfaces, des volumes mais nous savions également comment « fonctionnait » une dynamo, comment on pouvait faire « monter » de l'eau des puits à l'aide de la force du vent, comment utiliser cette eau, comment on pouvait faire des leviers, quels étaient les outils utilisés en agriculture, en menuiserie, comment on les fabriquait, les réparait, quelles étaient les époques pour les semences, comment naissait le bétail, comment on soignait les animaux de trait (animaux qui nous étaient si utiles), etc.

Oh ! l'enfant que j'étais était bien naïf, mais il n'avait pas une once d'esprit de supériorité. Il avait simplement la notion de survie et de la nécessité du travail bien fait. Nous étions formés par ces maîtres qui nous avaient enseigné la valeur du travail et qui, surtout, nous avaient appris à réfléchir. Et là, je retrouve dans votre magnifique synthèse cette notion, dont je n'avais plus entendu parler depuis des décennies, cette formidable « puissance formatrice » du mode de raisonnement que les problèmes du niveau du certificat d'études nous avaient permis d'acquérir.

Voilà ce que je tenais à vous dire, cher Laurent Lafforgue. Inutile de vous préciser que j'ai envoyé ce merveilleux

> texte à notre fille qui, elle également, est intransigeante avec l'éducation de ses enfants. Encore une fois je vous réitère ma proposition de vous aider, à mon modeste niveau, bien sûr, dans votre combat. Avec toute ma fidèle amitié[1].

Nous avons longuement parlé de cette belle histoire avec Laurent Lafforgue qui reste persuadé que l'enseignement primaire mais rigoureux des mathématiques et de la grammaire a permis à cet homme de se construire, en s'affranchissant d'un milieu social et culturel des plus précaires. Le mathématicien reste ainsi convaincu de l'étroite corrélation qui existe entre la langue et les mathématiques. Dans nombre de ses discours, il cite des collègues universitaires, éprouvés par le faible niveau de leurs étudiants en sciences, en raison de l'incapacité de ces derniers à lire ou à écrire un énoncé logique dans une langue correcte. Dans le cadre d'une conférence prononcée à l'Unesco en octobre 2006, Laurent Lafforgue évoquait le cas d'un physicien électronicien qui a enseigné pendant sept ans dans une grande université scientifique, avant de citer son courrier :

> Les étudiants en sciences ne maîtrisent plus grand-chose, si ce n'est les recours administratifs après les jurys du mois de juin. Il m'a été donné de voir en maîtrise scientifique des copies de partiel fondées sur le raisonnement suivant : AxB=1, donc A=1-B ... On pourrait croire qu'il s'agissait d'une faute d'inattention ; malheureusement

1. Lettre inédite à Laurent Lafforgue.

non. Ne parlons pas de la langue française : j'ai gardé quelques copies de maîtrise qui comptent cinq fautes de grammaire par ligne.

J'ajouterai à la longue liste des maux du système éducatif un point touchant plus particulièrement le supérieur : une grande lâcheté dans le recrutement des étudiants. Que ne ferait-on pas pour ne pas fermer une filière et ne pas perdre ses « heures supplémentaires » ou ses futurs postes de maîtres de conférences... On retrouve en maîtrise d'électronique des étudiants ne parlant pas français (ni anglais, malheureusement) et qui n'ont jamais vu un oscilloscope de leur vie.

La conclusion est simple : si mes anciens étudiants sont les ingénieurs de demain, je ne prendrai plus l'avion ni la voiture...

Pour ma part, j'ai renoncé à la recherche, seule partie passionnante du métier de maître de conférences, pour aller là où j'espère encore pouvoir servir un peu : en lycée, après avoir démissionné de l'Université. Visiblement, je ne suis pas le seul dans les dernières années. Il me reste le sentiment amer d'être embarqué dans une voiture folle, lancée à vive allure, avec un conducteur « Éducation nationale » dans un état second au volant et le péage qui se rapproche rapidement. La sortie de l'autoroute sera soit très chère, soit violente [1].

Laurent Lafforgue a reçu des centaines de témoignages de cette nature en un an. À chaque fois, il était question

1. Cette lettre ainsi que l'ensemble de la communication sont accessibles sur le site de Laurent Lafforgue : http ://www.ihes.fr/lafforgue/

de l'impossibilité de poursuivre un enseignement scientifique universitaire, à défaut d'une maîtrise de la langue française. Laurent Lafforgue précise dans sa communication que ce physicien « a quitté l'université pour le lycée, dans l'espoir d'y donner aux élèves les bases indispensables, avant qu'il ne soit trop tard pour eux ». Il ajoute connaître « des professeurs de lycée qui ont décidé d'enseigner en collège pour la même raison ». Voulant dédramatiser le propos sans en gommer le sérieux, Laurent Lafforgue me rapportait cette belle anecdote au sujet du sanskrit : « Le sanskrit obéit à des lois grammaticales qui apparentent cette langue aux hautes mathématiques. » Puis il a ajouté : « Cette beauté est traduite par les Indiens à travers le plus élogieux compliment qu'ils puissent adresser à une femme, en lui disant : *Vous êtes grammaticale !* »

Tous ces témoignages nous confirment qu'il existe un lien secret entre la langue et les mathématiques. Alain le crie haut et fort, quand il écrit : « La géométrie est la clef de la nature. Qui n'est point géomètre ne percevra jamais bien ce monde où il vit et dont il dépend[1]. » Plus loin, il lance : « La poésie est la clef de l'ordre humain, et, comme j'ai dit souvent, le miroir de l'homme. » Et l'équation est enfin résolue quand le philosophe conclut : « Géométrie et poésie ; cela suffit. L'une tempère l'autre. Mais il faut les deux. Homère et Thalès le conduiront par la main. L'enfant a cette ambition d'être un homme. »

1. Alain, *Propos sur l'éducation, op. cit.*, p. 49.

Cette contiguïté entre *logique* et *parole* cimente le pacte social entre les individus. La reconnaissance de soi par un tiers se fait par les mots. Les hommes communiquent et s'estiment car ils ont en commun des codes sémantiques, grammaticaux et syntaxiques. Ce pacte est d'ordre logique, et sans sa cohérence qui rallie les individus à un même socle de valeurs, il est impossible de s'entendre ou de se respecter.

Laïcité et textes sacrés

On est passé de *l'idéalisme* au *réalisme*. Un principe ne vaut que parce qu'on peut le mesurer, le constater, le vérifier. On a quitté le monde des Idées de Platon depuis longtemps et on a préféré l'action à la contemplation. Il est désormais moins important de savoir ce qu'une idée, une culture ou encore un mot révèlent comme mystère, que de pouvoir constater dans l'expérience que ces réalités fonctionnent. Le pragmatisme des jours prévaut sur la gratuité du rêve.

Celui qui a vu la beauté du vrai soleil, le philosophe, l'artiste qui est sorti de la fameuse caverne platonicienne, aura dans le regard quelque chose de si neuf que les hommes, restés dans le noir, ne le reconnaîtront pas et le mettront à mort. Dans La *République,* Platon, qui met en scène ce crime, doit se souvenir de la mort de Socrate. Le philosophe signifie à travers l'allégorie de la Caverne que parfois l'étrangeté d'une œuvre irrite au point de promettre la mort à celui qui l'a portée. Or, cette marche vers la lumière, vers le soleil des mots nouveaux (qui sont nos premiers instituteurs) est le mouvement de l'éducation :

> Toute âme possède la faculté d'apprendre et l'organe destiné à cet usage et, de même qu'un œil ne pourrait se tourner dans l'obscurité vers la lumière qu'en entraînant avec lui le corps tout entier, de même cet organe doit se détourner avec l'âme tout entière des choses périssables, jusqu'à ce qu'il devienne capable de supporter la vue de l'être et de ce qu'il y a de plus lumineux en l'être que nous appelons le bien. N'est-ce pas ? – Oui. L'éducation est donc l'art de retourner cet organe et de trouver pour cela la méthode la plus facile et la plus efficace ; elle ne consiste pas à donner la vue à l'organe de l'âme, puisqu'il l'a déjà, mais puisqu'il est mal orienté et ne regarde pas où il faut, elle doit s'efforcer de mettre en œuvre cette *conversion*[1].

Et, en effet, l'éducation est une sorte de *conversion*. On se tourne vers ce que l'on n'a pas l'habitude de contempler, on articule les mots que l'on n'est pas accoutumé à prononcer. Or, les élèves sont en mal d'idéal et de belles choses à contempler. Pour cette raison, les textes qui ouvraient une porte sur le rêve ont toujours été une manne précieuse pour moi. Quand on travaille avec des lycéens, capables de réfléchir et d'organiser une pensée autour d'un certain degré d'abstraction, il est

1. Platon, *République*, L. VII, 518 c.d., traduction Émile Chambry, Flammarion, coll. « GF », 1989. *Nous soulignons.*

plus facile de les faire entrer dans un texte de facture symboliste, puis de s'atteler à son étude, que de tenter celle d'une page tirée d'un roman réaliste. L'esthétique baroque, la spirale, les volutes et les jeux de miroirs sont plus *pédagogiques* que les textes où *mimesis* et réalisme criant jouent à fond. C'est un fait. De plus, j'attends qu'une œuvre d'art me conduise ailleurs. Et nous avons la chance inouïe, en cours de lettres, de ne travailler que sur des œuvres d'art, évidence souvent oubliée que j'aime rappeler aux élèves en début d'année...

L'École est donc un lieu unique de mots, d'images et de formes inédites que l'on ne rencontre pas ailleurs, mais qui jouissent entre ses murs d'une vie superlative et fabuleuse. Confronter les élèves à ce grouillement singulier est un impératif. L'école n'est pas un reflet du monde extérieur. C'est un lieu en soi. Si les choses essentielles qui s'y jouent lors des heures d'étude permettent un jour aux élèves d'aller à la rencontre du monde et d'évoluer à travers lui avec aisance, je garde le souci de les maintenir à distance du *dehors*, le temps de la classe.

Nous sommes encore dans le *dedans*, au cœur des choses, au seuil d'un accès intime à leur compréhension. Cette rencontre est fragile, périlleuse, et parfois douloureuse. La salle de cours est donc un espace privilégié où les mots et les intelligences se façonnent, au rythme calme de leur propre mystère. J'avais une élève, grande sœur d'une famille de cinq enfants, qui, pour trouver le calme nécessaire à ses devoirs, était obligée d'étudier dans la cage d'escalier de son immeuble à côté du local à poubelles. En outre, je sais que nombre de mes élèves ne possèdent pas un livre dans leur appartement. Aussi la bibliothèque du lycée devient-elle souvent ce lieu couru, où beaucoup d'enfants aiment rester, parfois même après l'étude. « Il n'y a peut-être pas de jours de notre enfance que nous ayons si pleinement vécus que ceux que nous avons cru laisser sans les vivre, ceux que nous avons passés avec un livre préféré[1]... » Et il est des moments de grâce, lorsque le lycée se vide après les cours, souvent en fin d'année, quand il commence à faire trop chaud, mais que la fraîcheur du soir retombe sur les fronts. Alors le visage du monde change. L'univers, dans la conscience de beaucoup d'enfants, tient entre la salle de classe, la bibliothèque et la cour où, en juin, les grands arbres font chuchoter leurs feuilles à nouveau. Dans ces instants, le temps semble suspendu, le silence s'impose, on marche plus lentement et on chuchote. On passe une dernière fois à la bibliothèque, parce que la femme de ménage a oublié d'en fermer la porte. Et là, on choisit un livre... On a le temps... Il n'y a personne... On va s'asseoir près des grandes vitres. On regarde les arbres. On lit... Mais on ne lit ni pour l'examen ni pour une note ni pour faire plaisir à son professeur. On lit pour soi. On est dans son lycée. Dans le silence abandonné de son école, à la fin du jour, à la fin d'une année, au début d'une vie.

Cette douceur lancinante et ce charme certain, qui

1. M. Proust, « Journée de lecture » (1905), in *Pastiches et Mélanges* (1919), *op. cit.*, p. 236.

sourient à travers toutes les pages d'un recueil de poèmes, nous les devons aux élèves. La découverte d'un texte profond, d'un texte dont on se souviendra et qui nous fera errer dans la bibliothèque désertée à la fin de l'année, s'accompagne d'un étonnement *(taumazein)*. Être *étonné*, c'est recevoir la foudre. L'élève attend cela, à l'évidence. De ce choc naîtra l'enthousiasme nécessaire à l'étude. « Tout ange est terrifiant », écrit Rilke. Il y a sans doute dans la trop grande beauté quelque chose que l'on ne peut regarder en face. Or, les élèves ont l'intuition de cette beauté et ils la réclament. Il est normal qu'elle fasse peur et qu'ils s'en détournent un temps. Quand ils regimbent devant un texte, je m'efforce de distinguer entre le manque de courage face à un travail difficile et l'intimidation qui naît d'une première confrontation avec l'œuvre. Je compte énormément sur cette première rencontre. J'aime que les élèves soient intimidés par les textes et mon rôle est de faire en sorte que très vite ils se sentent accueillis par leur étrangeté.

Car ce qui est étrange enseigne. Dès la petite école, l'enfant récite ce qu'il ne peut entièrement comprendre. Il avance à tâtons, dans cette aube du sens, en pensant toujours au-dessus de lui. Son corps est encore solidement campé sur le sol, quand son esprit a commencé à gravir les degrés d'une échelle invisible.

Souvent, je me dis que le métier de professeur ressemble, à bien des égards, à celui de comédien. Il faut dire le texte, faire résonner une parole, nouvelle, dérangeante, et séduire. C'est au professeur de mettre en scène l'étrange beauté des textes. Il me semble que, dans ces moments de transmission, le maître n'est plus qu'un simple truchement, un corps, une voix, un regard bien souvent, au service du texte. Il doit se plier à l'intention de l'auteur qui, si le cours est réussi, devra s'adresser aux élèves directement, quand lui aura su s'effacer.

Mais avant d'obtenir ce genre de résultat, j'ai souvent dû m'aveugler, me forcer à ne pas entendre, afin de ne pas être trop touchée par ce qui se passait ou se disait dans ma classe. La part d'étrangeté que contiennent les textes et que le professeur tente de transmettre aux élèves contribue à faire de lui, en tant que passeur, une sorte d'être très étrange à son tour. Je sais que parfois élèves et étudiants se moquent de moi, parce que je m'emporte au sujet de la *musique* d'un mot ou de la *couleur* d'une phrase. Dans ce cas précis, je force le trait. Je ne braderai ni ne justifierai jamais mes passions, comme je l'ai écrit plus haut. Et, quand il devient évident que le texte est fou, que le professeur est fou lui aussi, les choses deviennent intrigantes, un nouvel ordre de pensée se met en place, et l'on peut enfin commencer à construire sur des données neuves. Celles d'un monde à l'envers, d'un monde du dedans, où les principes essentiels, beaux et vrais, s'accomplissent. Et rencontrer les yeux des élèves à ce moment-là, deviner un remerciement qu'ils ne formuleront peut-être pas, aide à oublier toutes les minutes d'humiliation qui ont précédé.

Enseigner est un acte de foi qui engage tout l'être du professeur. Je désigne par « foi » une croyance profonde en la mission de transmettre et le pouvoir salvateur de la culture. La poésie est le langage des dieux, celui des origines. Mon ami peintre, Ahmad Kaddour, m'expliquait récemment que le mot *Houwa*, en arabe, signifiait *Dieu*. D'après lui, c'est un nom qui vient du ventre, d'une expiration, d'un souffle... On trouve son équivalent dans l'étymologie grecque du mot *enthousiasme* : *avoir la divinité en soi*. Le poète et le mystique sont proches en cela. Leurs transes, leur génie, demeurent d'ordre divin.

C'est à une folie de ce type que l'on entend parvenir quand on écrit un poème. L'évidence ne s'est présentée à moi qu'une fois en neuf ans d'enseignement avec Aurélie. Mais cette fois a suffi à rendre le monde visible :

> La poésie, le mot retrouvé, c'est le langage qui redonne à voir le monde, qui fait réapparaître l'image intransmissible qui se dissimule derrière n'importe quelle image, qui fait réapparaître le mot dans son blanc, qui réanime le regret du foyer toujours trop absent dans le langage qui l'aveugle, qui reproduit le court-circuit en acte au sein de la métaphore[1].

Écrire de la poésie, c'est retrouver la mémoire des choses et des mots. Croire au mythe du *Cratyle*. Oublier le Léthé lui-même. Se souvenir des ombres contemplées en bas. Ces ombres, Jung les a appelées les *archétypes*. Je crois que chaque élève en est riche. C'est sur ces images mémoriales, déposées dans la mémoire par je ne sais quel

1. Pascal Quignard, *Le Nom sur le bout de la langue*, POL, 1993, p. 77.

magicien, que je compte. Tous mes élèves se retrouvent parmi ces images. Tous ont en commun cette préconnaissance des archétypes que les textes sacrés ou mythologiques explorent :

> Dans chaque être individuel existent, outre les réminiscences personnelles, de grandes images « originelles » [...] ; il s'agit de manifestations qui émanent de couches plus profondes de l'inconscient, couches où sommeillent les images originelles, apanage de l'humain en toute généralité. *J'ai appelé ces images ou leurs thèmes des Archétypes* [...]. La découverte de ces images archétypiques représente un nouveau progrès de nos conceptions : elle conduit à distinguer deux couches dans l'inconscient, un inconscient personnel et un inconscient impersonnel ou supra-individuel. Nous désignons ainsi ce dernier sous le nom *d'inconscient collectif,* précisément parce qu'il est détaché des sphères personnelles, existant en marge de celles-ci, qu'il possède un caractère tout à fait général et que ses contenus peuvent se rencontrer chez tous les êtres, ce qui, naturellement, n'est pas le cas pour les matériaux individuels[1].

L'universalité de ces images, qui trouvent leur siège dans le cœur des élèves, permet une réconciliation entre ces derniers et la culture. Car ce fonds de culture commun à tous est le terreau précieux sur lequel je peux composer avec les classes. Lorsqu'il donne une définition de

1. C.-G. Jung, *Psychologie de l'inconscient,* éd. Dr R. Cahen Georg, coll. « Le Livre de Poche », 1993, p. 119-120.

l'acte d'écrire, Pascal Quignard insiste sur le principe de retour en arrière : « Écrire, c'est entendre la voix perdue. C'est avoir le temps de trouver le mot de l'énigme, de préparer sa réponse. C'est rechercher le langage dans le langage perdu[1]. » La pensée obéit donc à un curieux mouvement comparable à une marche à reculons. Peut-être parce que penser vraiment et trouver les mots qui traduiront avec le plus de justesse cette pensée revient à plonger en soi-même, à forer avec courage et ténacité ce qui dort sous la surface gelée des phrases prononcées trop vite et sans conviction. Heidegger décrit le paradoxe des méandres qu'emprunte la conscience quand elle choisit la voie du vrai langage : « Ce qui demeure dans une pensée, c'est le chemin. Et les chemins de pensée abritent en eux cette ressource secrète : nous pouvons aller sur eux en marchant en avant aussi bien qu'en arrière ; mieux encore : le cheminement qui recule, seul, nous mène de l'avant[2]. »

Ainsi, quand on a exhumé de la mémoire endormie quelques-unes de ces pépites, qu'elles soient justement nommées « archétypes » ou « cheminement qui recule », les élèves se sentent en confiance. Les textes d'auteurs convoquent des images et des mots dont eux-mêmes ont eu l'intuition, dont eux aussi sont les dépositaires. Le dialogue aura donc lieu. Il a déjà commencé.

En ce qui concerne la place des religions dans la

1. Pascal Quignard, *Le Nom sur le bout de la langue*, *op. cit.*, p. 99.
2. Heidegger, *Acheminement vers la parole*, *op. cit.*, p. 97.

conscience des élèves, cette dernière est de plus en plus prégnante. L'attirance pour le langage et les images que recèlent les textes sacrés est une constante chez beaucoup d'enfants, et cela quelle que soit leur confession. En passant dans les rangs, je vois souvent, griffonnés sur les trousses de mes élèves, des morceaux de poèmes religieux, des sourates, des Aleph admirablement calligraphiés, aux côtés du nom d'un pays ou d'un village adoré. Une trousse d'élève est une formidable fiche de renseignements : on y lit ses passions, sa culture, son identité. Je ne me souviens pas avoir vu ce type de prose fleurir sur les trousses de mes camarades, quand j'étais moi-même lycéenne. On y découvrait à l'époque le nom d'un amoureux, celui de son groupe de musique préféré, rien de plus.

Je pense que nous sommes sortis d'une ère qui a construit ses valeurs autour de la révolution de mai 1968. L'école a longtemps laissé vacant le terrain consacré à l'étude des religions. Les programmes y reviennent depuis quelques années et la demande des élèves va croissant. Je devine un lien entre la crise de l'autorité à l'école, la crise du langage, et le renoncement à l'étude des textes sacrés. J'ai étudié *Alcools* avec mes étudiants. Le syncrétisme biblique et mythologique d'Apollinaire est éblouissant et il reste l'architecture de sa poétique. Si presque toutes les références aux textes de l'Ancien et du Nouveau Testament étaient identifiées par les élèves en 1913, tel n'est plus le cas aujourd'hui. Or, il n'est pas possible de lire les œuvres qui construisent notre culture sans ce bagage. L'une des raisons de la surdité des élèves aux classiques est peut-être à chercher dans leur absence de connaissances sérieuses relatives au corpus sacré. Ce vide doit être comblé, en dehors de toute idéologie et de tout prosélytisme dangereux. L'étude comparée de la Torah, du Coran et de la Bible reste une invite à la tolérance, puisque ces trois textes fondateurs sont superposables en bien des points. Tourner le dos à cette réalité linguistique revient non seulement à s'interdire d'entrer en littérature sérieusement, mais aussi à priver les élèves de repères et de valeurs qu'ils sont les premiers à demander.

La laïcité reste une formidable occasion de rencontre entre les cultures et les différentes confessions. Le face-à-face avec la poétique des textes sacrés et leur humanisme que permet un langage rigoureux, conduit au dépassement des clivages et abolit l'épreuve des idéologies. La laïcité tourne le dos aux communautarismes, justement parce qu'elle favorise un accès au sacré par des mots simples, posés, tournés vers l'objectivité d'un cours et d'une culture commune à acquérir puis à partager.

Christopher ou le goût des belles choses

« Je crois que Christopher est très dérangé, me confiait sa mère lors d'une rencontre parent-professeur. C'est un enfant adopté, il ne nous parle pas, il vit dans son monde, je vais devoir le placer en pension. » J'écoutais cette femme avec dépit. Son fils n'était pas *dérangé*, mais il aimait les livres, la musique et le cinéma. Cela se voyait, d'après elle, un peu trop à sa coupe de cheveux et à ses habits noirs. Or, si elle avait parlé plus souvent avec lui, elle aurait deviné le goût de son fils pour les belles choses à sa seule façon de les évoquer. Loin d'être un bon élève, Christopher faisait cependant partie de ces rares adolescents s'exprimant très bien. Une voix douce, calme, posée, qu'accompagnait ce souci de trouver un mot juste, parfois un peu savant. Je me souviens de lui avoir prêté un livre, *Le Dictionnaire des mots précieux*, ouvrage que je n'ai jamais revu. Je comptabilise d'ailleurs avec ce rapt une petite victoire pédagogique dont je suis fière.

J'étais très triste pour Christopher qui allait nous quitter pour la pension en cours d'année. Je savais qu'il suivrait dans sa nouvelle école une formation pour obtenir un CAP de libraire, mais j'étais inquiète. Je n'ai plus entendu parler de lui pendant plusieurs mois. Puis, un beau jour, il fait son apparition au lycée, un livre ancien à la main. Christopher se souvenait de mon amour déraisonnable pour Baudelaire et il m'a montré une vieille édition des *Fleurs du mal* qu'il avait pu s'acheter avec son premier salaire dans la librairie parisienne où il faisait son stage. Je ne lui ai pas caché ma joie. Je l'écoutais et je savais qu'il était heureux : « Je me sens bien au milieu des livres, il y en a des vieux et des neufs. Je travaille à Paris dans un beau quartier et mon chef me respecte. »

« Le goût est la faculté politique qui humanise réellement le beau et crée une culture[1] », écrit Arendt. Et du

1. Hannah Arendt, « La crise de l'éducation », *La Crise de la culture, op. cit.*, p. 286

goût, Christopher en avait. C'est cette force toute personnelle qui lui a permis de sortir d'un contexte où ni la parole ni la générosité des échanges humains n'étaient à la hauteur de ses besoins. Aujourd'hui, il conseille les lecteurs à son tour et construit ses jours au milieu des livres. Je crois bien que sa toute nouvelle vie promet d'être passionnante... Ainsi, « ces pensées d'enfance qui sont le premier état de toute idée » et qui mènent au « goût » [1], à l'*intuition éduquée* des belles choses que l'on finit par posséder, sont à rechercher passionnément, à scruter dans le cœur de l'élève, quand on est professeur. J'espère avoir travaillé en aveugle le moins souvent possible.

1. Alain, « Du goût », *Propos sur l'esthétique*, PUF, 1991, p. 45.

Épilogue
L'art de la conversation

« Si j'étais à cette heure forcé de choisir, je consentirais plutôt, le crois-je, à perdre la vue que l'ouïr ou le parler. »

Montaigne, *Essais*, III, 8.

Écouter les mots bruire : la promesse d'un chuchotement

Régnait dans « l'art de la conversation », tel que le concevait le XVIIe siècle, un esprit de joie. Cet art obéissait comme tout art à des règles. Or ces règles étaient souples, car elles ramenaient la parole à la nature. « Ainsi je veux qu'on ne sache jamais ce que l'on doit dire, et qu'on sache toujours bien pourtant ce que l'on a dit. » Cette recommandation de Mlle de Scudéry mêlait l'idée d'une précision du langage et de son énoncé aux principes de spontanéité et d'improvisation. Il se logeait dans « l'art de la conversation » une forme de gratuité et de joyeux gaspillage à l'opposé du caractère « communicationnel » que l'entreprise et l'école, parfois, confèrent aux mots.

Les dérives scientistes qui détruisent l'étude des textes et avec eux l'esprit des élèves participent de cette recherche effrénée du profit : tout doit servir à tout, la parole doit être efficace, le texte étudié doit être réutilisable dans la vraie vie. On apprendra à rédiger une lettre d'embauche, un texte de type argumentatif plutôt qu'un sonnet en alexandrins. Mais ce que ce pragmatisme desséchant oublie, c'est que la lettre d'embauche ne suffira pas à l'étudiant qui se présentera sans savoir se tenir ni parler devant son futur employeur. Et cette éducation, cette attitude de mots et de gestes, ne s'acquiert qu'à travers la multiplication d'exercices qui ne servent en apparence à rien, mais qui conditionnent étrangement l'apparence, pour finir par révéler l'être tout entier.

Cet « art de la conversation » s'est développé dès la deuxième moitié du XVIIe siècle, puis à l'époque des Lumières dans les salons et les hôtels particuliers tenus par des femmes. Il contribua à l'émergence d'une civilisation du loisir et du luxe, émaillée par des jeux d'esprit, par des jeux de mots, par une parole qui confinait au chant. Pas de pédanterie, mais le désir simplement honnête de trouver le mot juste et naturel, le plus conforme possible au sentiment du moment. L'énoncé se devait d'être le calque d'une conscience qui se livrait pour le plaisir de se dire et de se faire connaître. La relation à l'autre ainsi qu'à la parole de l'autre était une promesse. Promesse d'un langage, vif comme l'eau qui coule ou la musique qui chante sous le kiosque d'un parc. Époque bénie, où l'on multipliait chez soi les représentations théâtrales, les concerts privés, les lectures à haute voix ! Et pourquoi ne pas faire la même chose à l'école ? Qu'interviennent acteurs et musiciens, que jouent les mimes, que dansent les danseurs et que chantent les choristes[1] ! C'est au fond si facile et si indispensable à tous : élèves comme professeurs. L'art de la conversation n'avait d'autre intention que de faire bruire l'esprit. Toutes notions fastidieuses, graves et sérieuses, relatives à la politique ou à la société, étaient bannies de cette parole enchantée. Il faudrait revenir au luxe d'un langage ne trouvant sa beauté que dans son absence momentanée de relation avec la circonstance. Non pour faire des élèves des autistes démunis qui, une fois sortis de l'école, n'auraient aucun repère dans le monde, mais au contraire pour nourrir les enfants au moyen d'un langage généreux, leur permettant d'y évoluer sereins.

La *générosité* de ce langage serait la conséquence d'un va-et-vient entre textes lus et textes écrits, paroles prononcées et paroles écoutées, à l'aune d'un vivier d'images, de sons et de formes suffisamment universels pour échapper à la conjoncture ainsi qu'aux rétrécissements linguistiques et intellectuels qu'elle induira toujours. Mais il est très difficile de faire emprunter ces chemins de la gratuité aux élèves, même si le but visé reste l'harmonie et la simplicité d'une vie comme la rêva Cicéron à travers les situations décrites ici :

1. Philippe Fenwick, directeur de troupe, auteur et acteur, initie également les enfants au beau langage. Il lui est arrivé de se rendre, avec des élèves de lycée professionnel, à Versailles, pour déclarer des alexandrins sur une barque au milieu des canaux !

> J'appelle conversation tous les entretiens qu'ont toutes sortes de gens, qui se communiquent les uns aux autres, soit qu'on se rencontre par hasard et qu'on ait deux ou trois mots à se dire, soit qu'on se promène ou en voyage avec ses amis, ou même avec des personnes qu'on ne connaît pas ; soit qu'on se trouve à table avec des gens de bonne compagnie, soit qu'on aille voir des personnes qu'on aime, et c'est là qu'on se communique le plus agréablement ; soit enfin que l'on se rende en lieu d'assemblée, où l'on ne pense qu'à se divertir, comme en effet c'est le principal but des entretiens [1].

Je souhaiterais pour mes élèves que la parole les aide à assumer, à vivre chacun de ces moments de liberté. Athènes, sur la place publique où le peuple rencontrait Socrate et Aristote, avait inauguré cet art de la conversation. En croisant la philosophie et les idées, le citoyen avait rendez-vous avec sa propre liberté. Car l'art de la conversation est surtout l'exercice de la liberté de soi. Or, si presque aucun élève n'accède à cet affranchissement par la parole, peu d'étudiants en jouissent. Pourtant exigé des lycéens dans les classes de rhétorique, cet art supposait une confiance en soi, un degré de culture des mots et des idées certain, acquis par la fréquentation régulière des textes et l'exercice tout aussi régulier de la parole. Les capacités d'une conscience à aller vers la pensée de l'autre, à l'écouter, à se taire, puis à intégrer

1. Cicéron, *Lettres aux siens*.

cette pensée dans le canevas de sa propre conscience, en statuant sur ce qu'elle en garderait et ce qu'elle en réfuterait, étaient aussi les composantes de cet art. Mais peu de ces qualités sont atteintes aujourd'hui, que ce soit par les élèves ou par les adultes qui parfois les forment.

Peut-être cet art de la conversation, qui implique un degré de maturité évident, devrait-il être cultivé par les professeurs eux-mêmes ? Peut-être serait-il souhaitable que ces derniers se réunissent régulièrement dans une Thélème imaginaire : le café ou le jardin public seraient idéaux pour parler de leurs classes et de leurs expériences. Échanger, réfléchir, comprendre. Retourner à l'université, lire, écrire, imposer un mouvement perpétuel à sa propre pensée… Le réflexe existe chez les chercheurs en sciences. Le mathématicien Laurent Lafforgue m'expliquait qu'au restaurant de L'IHES, sur toutes les tables, étaient déposés des feuillets de format A6 et des stylos, afin qu'au cours de son repas, si un scientifique avait une idée, il puisse l'écrire aussitôt et la communiquer ainsi à son voisin où à celui qui prendrait sa place tout à l'heure pour le déjeuner. Ce bel échange est beaucoup moins évident dans le monde des lettres et des sciences humaines, que l'on travaille à l'Université ou dans le secondaire. C'est bien dommage.

Aussi est-ce sans doute avec mes élèves que je converse le plus. Certains élèves me confient leurs écrits. Cela est devenu fréquent avec mes étudiants. La démarche est plus marginale avec les lycéens. Mais, dans les deux cas, il s'agit toujours d'un acte fort. Ils me donnent à lire leurs textes car ils savent que je suis romancière. Il est difficile pour moi de leur refuser mon aide, car je crois me souvenir qu'à leur âge il m'était arrivé de solliciter la belle intransigeance d'un professeur. Et s'il avait refusé de me lire, j'en aurais été profondément blessée. Ces élèves et étudiants sont des personnes que je revois régulièrement. Il est passionnant de les suivre dans leur vie et de constater à quel point le langage et le choix passionné qu'ils ont fait des mots façonnent leur personnalité. Disciples du philosophe Alain, ils ont compris à leur tour que *tous les moyens de l'esprit sont enfermés dans le langage ; et [que] qui n'a point réfléchi sur les mots, n'a point réfléchi sérieusement.* Aussi leur ai-je demandé de réfléchir « sérieusement » aux mots et de m'écrire ce que le langage, l'étude des lettres, le passage par l'écriture avaient apporté à leur existence. Pour être tout à fait honnête dans ma démarche d'essayiste, j'ai choisi de faire entendre ce dialogue en publiant à la fin de ce livre, en guise de coda, les lettres d'Anthony, de Natacha, d'Hélène et de Caroline. Vient ensuite ma réponse à leurs missives.

Traditio et reditio

Lettre au professeur Ladjali,

... Je me souviens qu'à la question du pourquoi de mon cursus littéraire, je répondais que c'était sans doute pour *cette invitation à mourir des mots, ces instants hors normes où le temps et l'espace se dilatent, s'évaporent de même que toute relativité, quand les solitudes sont saisies au vol de l'éternité, et communient à la pensée d'un génie*. Ou bien lorsque vous m'interrogiez sur le fait d'écrire, que *c'était tremper la plume dans l'encre de son urne, pour offrir des lignes de vie aux morts*, que j'ajoutais que *la littérature, plus qu'un éternel palimpseste est avant tout une prosopopée infinie : la vie exige un meurtre originel que nous retrouvons dans nos mythologies collectives et individuelles. Le sang que nous répandons en sacrifice sur l'autel de l'existence est celui de cet autre qui est aussi le même : le jumeau, figure de tous ces « peut-être », ces voix sourdes qui peuplent le monde, nous traversent, fugaces et fugitives, en se faufilant, à l'insu de Romulus, par les trous de serrure de la conscience*... Vous étiez contente de mon travail et, bizarrement, je crois que c'est cette satisfaction qui m'a forcé à tout reprendre. Je l'ai relu d'abord, et qu'y ai-je trouvé ? Les débris d'un lyrisme passé, symptômes de cette génération de l'impasse confrontée au vertige du minimalisme. Alors que les petits retards ont toujours fait partie de mon identité, je me suis retrouvé pour la première fois, curieux paradoxe, pile poil à l'heure dans mon anachronisme, juste comme il faut, l'aliénation totale ! C'est alors que la véritable réponse m'est apparue, limpide...

Si j'aime la littérature, c'est tout simplement parce que j'aime les mots, et par là la vie qui n'est que création... C'est l'esprit même de la littérature que de donner corps aux mots, d'y faire transpirer la vie. De poursuivre le sillon tracé par la barque du poète dans l'espoir un jour de palper le *vrai lieu*...

Anthony

Chère Cécile Ladjali

C'est assise devant mon bureau, où je m'adonnais à la lecture de *Si par une nuit d'hiver un voyageur*, que mon esprit s'en est allé vers toi. La place du lecteur dans le roman m'a rappelé mon statut de lectrice lorsque nous élaborions *Tohu-Bohu*. Les livres que nous ingurgitions, syntaxes après syntaxes, jours après jours. Ces délicieux repas livresques ont aiguisé mon appétit de livres, à tel point que ma boulimie en est devenue incontrôlable. Dans le métro, entre deux stations, je lis. Sur une marche d'escalier à l'université de lettres, je lis. Dans ma baignoire, pleine d'eau moussante, je lis…

CALVINO, l'auteur qui nous fait lire un roman comme si on lisait un *incipit*. CALVINO c'est toi, à ta façon. Sous ta tutelle de professeur chargé d'enrichir nos connaissances, tu as dévoilé le roman de la littérature. Séance après séance. C'était à chaque fois un *incipit* nouveau. Ta passion pour les lettres a réveillé la mienne, celle dont je n'avais pas conscience à l'époque. Aujourd'hui, c'est avec ma valise pleine de livres que j'avance. Et parfois, quand je relis *Tohu-Bohu*, je peux au fil de chaque page mesurer le chemin parcouru avec toi et apprécier ce don que tu m'as fait lorsque j'étais ton élève.

Aujourd'hui, les années ont passé et me voilà étudiante, en chemin pour devenir professeur. Moi aussi, je souhaite ouvrir le livre de la littérature à d'autres que moi. Leur faire happer chaque mot, chaque virgule. La littérature est devenue, par ta bienveillance, la raison de mes rêves.

Natacha

Chère Cécile,

Ne pas vous avoir vue depuis longtemps m'oblige, pour continuer notre discussion, à vous adresser cette lettre consacrée à l'influence qu'exerce la littérature sur ma scolarité.

Vous le savez, stylo en main, il ne s'agit plus ni de note ni de diplôme. La quête s'impose, le ressenti prime. Avant tout, c'est vivre les lettres par et pour soi-même, avec l'aide et les conseils de la Faculté, mais en cherchant la réponse à sa propre question. Faire des détours pour ne pas la perdre, malgré les étapes obligées, gravir son escalier interne et non l'échelle des niveaux, des années, sinon la perte est celle de l'être. Le nœud se forme aux racines, dès les petites classes, quand commence la lecture. Étudiante en lettres et littératrice, tous les jours travailler une méthodologie sans mécanique est pour moi une contradiction, parfois une contrition : introduction, trois parties, conclusion. Le plus difficile : imposer une forme externe à sa pensée. C'est en passant par la poétique, au moyen de discussions, de pièces de théâtre, que vous m'apprîtes la technique du commentaire, à clarifier un peu mes phrases, à voir l'ordre à venir dans le chaos du début. Moi qui croyais n'y jamais rien comprendre, jusqu'au délaissement. Il fut des époques, au lycée notamment, où, n'écoutant pas le cours, je lisais au dernier rang. Pardonnez ce rejet, cette fébrilité, j'ai des souvenirs de traits rouges, qui n'étaient pas de craie, dans le dos du CE2. Mais nous ne sommes pas ici pour aborder l'ennui du cancre que je suis. À toute ma scolarité, il manque des bases : COD, COI, COS, ces objets diffus, incompris, suppléés. Si chaque livre m'apporte un plaisir, chaque rédaction devient bataille. Une lettre sur papier l'imbibe de noir, or, elle diapre la rétine, pour un mot, et le rêve d'une phrase. Sentiment et perception, le littéral ne suffit pas à rendre ce contact de lecture ou d'entièreté ; partir de cette particularité d'être, aboutir à une syntaxe, une méthode, une mélodie, voici les maux des mots et leur plaisir aussi. La lutte tient à ne pas effacer le sens, à rester compréhensible dans cette naissance, vingt et un ans, un langage, une vie à construire ; et des dissertations n'arrivant pas à rester neutres. Diffraction, l'externe mêle l'interne, se perdre en poétique pour que ma phrase porte un monde, il faut bien que je le sois, également. Les murs d'une classe s'effacent quand survient la vie ou la voix d'une autre. Le texte forme un passage. L'influence de l'étude sur l'écriture sert à la netteté des images, à alimenter l'ouverture. Si la grammaire permet de vérifier l'adéquation au réel, encore faut-il réussir à dire…

Hélène

Lettre pour Madame Ladjali

Bonjour, je m'appelle Pierre Caroline et je suis en terminale L. J'écris cette lettre dans le but de m'exprimer sur un sujet qui me tient à cœur : le langage. En effet, le langage et moi, c'est toute une histoire. Tout d'abord, je le perçois comme une barrière. Oui, parce que malgré le fait que je m'efforce de parler le plus français possible, j'ai toujours l'impression que cela sonne faux. J'aurais plutôt tendance à dire « si j'aurais su » au lieu de « si j'avais

su » ou bien à dire « ché même pas c'est quoi ! » au lieu de « je ne sais pas ce que c'est ! ». Pourtant je lis beaucoup de livres et je ne cesse de me nourrir de la presse quotidienne. Tous les professeurs de littérature seront sans nul doute d'accord avec moi pour dire qu'en classe de terminale littéraire le langage est primordial. Savoir parler français, en tout cas correctement, devient un défi de tous les jours. Il faut être capable d'aligner des mots ayant du sens sans se tromper dans la grammaire ni dans l'expression, sans parler de l'orthographe à l'écrit ! Aujourd'hui, j'en viens à me demander ce que ça veut dire *parler français*. Par rapport à des personnes qui parlent uniquement leur langue d'origine, c'est vrai que je parle français. Mais lorsque je me compare à des Français, j'en viens à me demander si je parle français avec eux. Mais aujourd'hui, grâce au « saint » correcteur d'orthographe dans les ordinateurs, je fais moins de fautes, mais bon, lors d'un devoir, le correcteur d'orthographe c'est moi et non l'ordinateur. Je garde néanmoins l'espoir que mon langage « made in 93 » deviendra un langage « made in Paris » bientôt.
Amicalement,

Caroline

Chers amis,

Serez-vous aussi tentés que moi de trembler face à ce qu'il y a de définitif dans ce vers de Hölderlin : « Aucune chose ne soit, là où le mot faillit » ? C'est fort probable au regard de vos quatre proses… Vous connaissez l'urgence. Celle de la parole et de son trait de lumière dardant vers le cœur de l'autre. Et vous m'avez touchée. Car comprenez bien qu'il n'est pas d'enseignement accompli sans ce retour de l'image ou du son vers sa source lumineuse ou sonore. Enseigner, c'est croire au fleuve Alphée, dédale liquide qui coule... à l'envers !

C'est « pour mourir des mots » que vous écrivez, Anthony. Et il est vrai que l'on meurt d'eux, un peu, à chaque fois que l'on s'aventure à créer. Pour avoir lu vos poèmes et votre premier roman, je sais désormais ce qui se cache derrière votre radieuse présence en cours. Je sais ce que vous fomentez secrètement à travers ce petit « suicide » qui n'est rien d'autre qu'un immense sourire à l'adresse de la vie. Votre missive est étonnante par sa beauté, sa précision, sa maturité. Je crois qu'elle contient déjà beaucoup de ce que vous écrirez demain. « Alors que les petits retards ont toujours fait partie de votre identité » – il est vrai que vous arriviez souvent en retard parce que dans votre esprit le cours continuerait dans le couloir après l'heure officielle – « pour la première fois », vous êtes « à l'heure dans votre anachronisme ». Vous vous êtes vu écrire et vous vous êtes deviné. Je sais que vous nous préparez de très belles choses... N'oubliez pas de me tenir au courant.

Je me souviens bien de cette année où nous avons écrit ensemble *Tohu-Bohu*, Natacha. Le passage dont vous aviez la charge était ce monologue du tyran qui pleure la mort de sa fille. Vous aviez alors écrit votre texte en alexandrins. Or, il fallait à vos mots plus de violence, un corps à corps plus évident avec notre siècle. Alors vous vous êtes par dix fois remise à l'ouvrage et, dans une déconcertante fluidité, s'est fait entendre le chant d'un père anéanti. Aujourd'hui je vous revois régulièrement et je suis avec intérêt vos études en Sorbonne, où vous poursuivez ce « délicieux repas livresque », avant d'enseigner un jour à votre tour et « d'ouvrir à d'autres le livre de la littérature ». La comparaison avec Calvino me flatte même si elle est beaucoup trop forte. Je me contente d'apprendre, en lisant votre lettre, que chacun de vos jours est « un nouvel *incipit* » grâce aux mots qui en décident de toute l'étendue. Je suis si fière de savoir que vous marchez sur les routes, « une valise pleine de livres » à la main, et que la tragédie que vous écriviez en classe de seconde avec trente de vos camarades vous nourrit au quotidien !

Quant à vous, Hélène, tout comme Anthony, vous êtes une étudiante ayant choisi les lettres parce que vous aimez la vie. Me bouleverse votre confession sur la souffrance engendrée par ce décalage entre l'exercice académique et votre passion du poème. Il y a là, comme vous l'écrivez, une « contradiction », pire encore, une « contrition ». Pour avoir vécu la même chose pendant mes années de thèse de doctorat où il m'était sans cesse signifié – et à juste titre ! – que je confondais mon engouement pour la création et le travail scientifique, je compatis sincèrement. Mais le passage par l'Académie, loin d'encourager chez vous un quelconque terrain à la schizophrénie, vous libérera. Vous vous jouerez de la forme et du mandarinage, quand vous aurez fait semblant d'y adhérer. Vous jouerez avec les mots, quand ils auront cessé de se jouer de vous… mais pas avant. Syntaxe et grammaire sont des amies merveilleuses, vous savez ? Avec elles, tout est possible. « Si chaque livre m'apporte un plaisir, chaque rédaction devient bataille », m'écrivez-vous. J'ai alors envie de vous répondre que les choses sont bien ainsi. La complaisance ressentie face à son propre texte est d'après moi un très mauvais signe. J'ai beaucoup de mal à relire mes romans quand ils sont publiés. En fait, pour chaque phrase imprimée, j'ai le souvenir d'une « bataille » contre la syntaxe, le sens et les sons. Je mesure toujours, même dans le temps faussement dégagé d'une énième lecture, tout ce que le choix de la lettre m'a coûté. « Vingt et un ans » ! Toute une vie à écrire… et soyez-en assurée, chère Hélène, vous « réussissez » déjà très bien à « dire », dans cette lettre magnifique, glissée dans une enveloppe fabriquée à l'aide de la couverture et de la page de garde d'une vieille édition que la NRF et Pourtalès consacrèrent à Berlioz.

À présent, je me tourne vers vous, Caroline. Vous êtes la plus jeune de mes élèves. Quand je vous offrirai ce livre, où j'ai eu le bonheur de coucher vos mots, vous aurez votre baccalauréat. Et, je vous le prédis, avec mention ! Notre rencontre fut singulière : l'année dernière autour d'une de mes pièces de théâtre que vous présentiez alors à l'examen. Il n'y a pas de démarche plus bouleversante pour l'auteur et le professeur que je suis que de voir *son élève* se transformer en *sa lectrice*. Somptueux cadeau que vous me fîtes alors… « J'en viens à me demander qu'est-ce que ça veut dire parler *français* » : la question que vous formulez dans votre lettre, le plus grand nombre ne se la pose pas. Cette intransigeance vis-à-vis de vous-même vous a déjà garantie du pire. Comme vous l'avez compris, le langage trace des frontières, borne ou ouvre les géographies. Vous avancez déjà très vite sur le chemin des mots, et le voyage risque d'être passionnant. Vous habitez Bobigny, à deux pas du palais de justice. Vous dévorez les livres, vous vous rendez au théâtre et au musée, par amour des choses belles et vraies. « J'habite à côté du tribunal et je serai un jour avocate », fut votre première confidence. J'aime me dire que la vérité de demain sortira de votre bouche.

Terminons, voulez-vous, sur ce poème de Gottfried Benn. Je crois qu'il a été écrit pour vous quatre :

Un mot

Un mot, une phrase – : d'un chiffre s'exhausse
L'intelligence d'une vie, soudain le sens,
soleil figé, sphères muettes
et tout prend corps en vue de lui.

Un mot – éclat, vol, feu,
jet de flammes, rayures d'étoiles –,
et l'ombre de nouveau, immense,
dans le vide espace autour du monde et de moi [1].

Votre CL.

1. Gottfried Benn, « Un mot », *Poésies statiques* (1948), traduction de Dominique Pierson.

Bibliographie

Textes écrits par les élèves

Murmures, préface de George Steiner, L'Esprit des péninsules, 2000.
Tohu-Bohu, préface de Daniel Mesguich, L'Esprit des péninsules, 2001.

Textes d'auteurs

Alain, « Du goût », *Propos sur l'esthétique*, PUF, 1991.
Alain, *Propos sur l'éducation* (1932), PUF, coll. « Quadrige », 1986.
Arendt, Hannah, *La Crise de la culture* (1954), trad. Patrick Lévy, Gallimard, coll. « Folio », 1972.
Aristote, *La Politique*, trad. Jean-Barthélémy Saint Hilaire, Librairie philosophique Ladrange, 1874.
Balzac, Honoré de, *Sarrasine* (1831), Garnier-Flammarion, coll. « GF », 1989.
Baudelaire, Charles, *Les Fleurs du mal* (1857), *Œuvres complètes*, éd. Marcel A. Ruff, Seuil, coll. « L'Intégrale », 1988.
Des Forêts, Louis-René, *Le Bavard* (1946) Gallimard, coll. « L'Imaginaire », 2002.
Gautier, Théophile, *Mademoiselle de Maupin* (1835), Garnier-Flammarion, coll. « GF », 1991.
Gracq, Julien, *En lisant en écrivant*, Corti, 2002.
Heidegger, Martin, *Acheminement vers la parole* (1959), trad. Jean Beaufret, Gallimard, coll. « Tel », 1976.

Heidegger, Martin, *Langue de tradition et Langue technique* (1962), trad. Michel Haar, avec une présentation de Hermann Heidegger, éditions Lebeer-Hossmann, 1989.

Huysmans, Joris-Karl, *À rebours* (1884), éd. Marc Fumaroli, Gallimard, coll. « Folio », 1992.

Jung, *Psychologie de l'inconscient,* éd. Dr R. Cahen, Georg, coll. « Le Livre de Poche », 1993.

Manguel, Alberto, *Une histoire de la lecture,* trad. Christine Le Bœuf, Actes Sud, coll. « Babel », 1998.

Molière, *Le Bourgeois Gentilhomme* (1670), *Œuvres complètes,* IV, Garnier-Flammarion, coll. « GF », 1979.

Platon, *République,* L. VII, 518 c.d., traduction Émile Chambry, Garnier-Flammarion, coll. « GF », 1989.

Proust, Marcel, « Journée de lecture » (1905), *Pastiches et Mélanges* (1919), Gallimard, coll. « L'Imaginaire », 1992.

Quignard, Pascal, *Le Nom sur le bout de la langue,* POL, 1993.

Rivarol, *L'Universalité de la langue française* (1873), Arléa, 1998.

Romilly, Jacqueline de, *Dans le jardin des mots,* Éditions de Fallois, 2007.

Steiner, George, *Dans le Château de Barbe-Bleue. Notes pour une redéfinition de la culture* (1971), trad. L. Lotringer, Gallimard, coll. « Folio », 1996.

Steiner, George, « Vers une culture plus humaine », *Langage et silence* (1967), trad. L. Lotringer, éditions 10/18, 1999.

Steiner, George, Ladjali, Cécile, *Éloge de la transmission,* Albin Michel, 2003.

Valéry, Paul, *Tel quel, Choses tues,* 1910, Gallimard, coll. « Essais », 2001.

Weil, Simone, *Œuvres,* Gallimard, coll. « Quarto », 1999.

Remerciements

Je tiens à remercier pour leur confiance mon éditrice, Nathalie Azoulai, ainsi que mon amie Laure Adler, qui m'ont toutes les deux encouragée à écrire ce livre.

Toute ma reconnaissance va au mathématicien Laurent Lafforgue qui a eu la générosité de me consacrer de son temps et de ses mots.

Les contributions de mon amie Lise Gheeraert, professeur de lettres en LEP, ont considérablement enrichi mes propos. Qu'elle soit remerciée elle aussi.

Merci également à Manuel Dieudonné, professeur de philosophie, pour ses éclairants conseils de lecture.

Et enfin, mon amitié va aux dédicataires de ce livre, mes élèves et étudiants : Caroline Pierre, Natacha Nkouikani, Anthony Filin et Hélène Lacherez qui ont fait entendre leurs mots et laissé entrer le jour…

Table

RÉALISATION : PAO ÉDITIONS DU SEUIL
IMPRESSION : CORLET À CONDÉ-SUR-NOIREAU
DÉPÔT LÉGAL : AOÛT 2007. N° 95335-3 (109015)
IMPRIMÉ EN FRANCE